Louca
Sabedoria

Chögyam Trungpa

Louca
Sabedoria

Lúcida Letra
Editora interdependente

© 1991 Shambhala Publications, Inc.

Direitos desta edição:
© 2015 Editora Lúcida Letra

Título original
Crazy Wisdom

Coordenação editorial
Vítor Barreto

Tradução
Eduardo Pinheiro de Souza

Revisão
Ana Macedo, Lia Beltrão, Vinícius Melo, Rafaela Valença e Thaís Carlo

Revisão Técnica
Oddone Marsiaj (Centro Shambhala de Meditação de São Paulo)

Design de capa e miolo
Aline Haluch | Studio Creamcrackers

Ilustração da capa
Tiffani Gyatso (desenho no Templo CEBB Caminho do Meio, em Viamão-RS), ilustração fotografada por Guilherme Erhardt

1ª edição 11/2015
2ª reimpressão 02/2024

Dados Internacionais de Catalogação na Publicação (CIP)

T871l   Trungpa, Chogyam, 1939-1987.
         Louca sabedoria / Chögyam Trungpa; tradução: Eduardo Pinheiro de Souza – Teresópolis, RJ : Lúcida Letra, 2015.
         208 p. : il. ; 21 cm.

         Tradução de: Crazy wisdom.
         ISBN 978-85-66864-20-5

         1. Budismo. 2. Budismo Tibetano. 3. Padma Sambhava, ca. 717-ca.762. 4. Sabedoria - Aspectos religiosos - Budismo. 5. Darma (Budismo). 6. Materialismo espiritual. I. Souza, Eduardo Pinheiro. II.Título.

CDU 294.3   CDD 294.34448

Índice para catálogo sistemático:
1. Budismo   294.3
(Bibliotecária responsável: Sabrina Leal Araujo – CRB 10/1507)

Sumário

Prefácio da edição americana   7

Primeiro Seminário / Louca Sabedoria   11
(Jackson Hole, 1972)
1. Padmasambhava e o materialismo espiritual   13
2. O Trikaya   25
3. Inocência Primordial   36
4. Eternidade e o cemitério a céu aberto   49
5. Deixe que os fenômenos se desenrolem   59
6. Cinismo e devoção   75

Segundo Seminário / Louca Sabedoria   85
(Karme-Chöling, 1972)
1. Padmasambhava e a energia do Tantra   87
2. Ausência de esperança e o Trikaya   108
3. Destemor   125
4. Morte e a sensação de experiência   144
5. O Rugido do Leão   155
6. O intelecto e o trabalho com a negatividade   169
7. Dorje Trolö e os três estilos de transmissão   184

Sobre o autor   200

Prefácio da edição americana

O Venerável Chögyam Trungpa Rinpoche apresentou dois seminários sobre a "louca sabedoria" em dezembro de 1972. Cada um deles durou mais ou menos uma semana. O primeiro seminário aconteceu em um *spa* pouco frequentado nos Tetons, próximo a Jackson Hole, Wyoming. O outro, em um velho ginásio no vilarejo Barnet, em Vermont, bem próximo ao centro de meditação fundado por Trungpa Rinpoche agora chamado de "Karme-Chöling" e conhecido naquela época como *"Tail of the Tiger"* ("Rabo do Tigre").

Rinpoche havia chegado ao continente americano cerca de dois anos e meio antes, na primavera de 1970. Ele se deparou com uma América borbulhante de mudanças sociais, animada por fatores como os hippies, o LSD e o supermercado espiritual. Como resposta ao incessante fluxo de ensinamentos lúcidos e diretos, um grupo de alunos fiéis se reunira em torno dele e novos interessados chegavam todo dia. No outono de 1972, ele fez sua primeira pausa tática: um retiro de três meses em uma casa reclusa nas florestas de Massachusetts.

Foram três meses visionários. Rinpoche contemplou a direção que seu trabalho tomaria na América e os meios disponíveis para a sua concretização. Novos e importantes planos foram formulados. Na última noite do retiro, ele não dormiu. Pediu aos poucos alunos presentes que preparassem um banquete formal, utilizando o que quer que estivesse à mão. Ele mesmo passou horas se preparando para o banquete e não apareceu até as duas da manhã – muito bem arrumado, irradiando extraordinária energia. A conversa foi até o fim da noite. Em determinado momento, Rinpoche falou por duas horas sem parar, relatando de forma extremamente vívida um sonho que havia tido na noite anterior. Ele saiu do retiro à luz da aurora e naquele mesmo dia seguiu viagem. À noite, ainda sem dormir, concedeu a primeira palestra do seminário "Louca Sabedoria" em Jackson Hole. É possível que tenha partido naquela manhã com a sensação de que uma nova etapa de seu trabalho começara. Alguns elementos dessa nova fase são descritos na última palestra do seminário em Jackson Hole.

Depois do primeiro seminário Vajradhatu em 1973 (planejado durante o retiro de 1972), o estilo de ensinamento de Trungpa Rinpoche mudou bastante. Sua apresentação se tornara muito mais metódica, centrada em guiar os alunos pelos sucessivos estágios do caminho. Os seminários "Louca Sabedoria", portanto, pertencem ao final do período introdutório dos ensinamentos do Rinpoche na América do Norte, onde ele demonstrava o contrário disso, isto é, uma espetacular capacidade de apresentar todos os níveis de ensinamentos simultaneamente. Durante essa fase inicial, havia uma poderosa atmosfera de fruição, radiante pelas possibilidades do caminho instantâneo. Era essa a atmosfera que prevalecia quando Rinpoche combinava os ensinamentos básicos e mais avançados em um fluxo único de instruções profundas, sem nunca deixar de obstinadamente ludibriar os tentáculos onipresentes do materialismo espiritual.

É interessante contemplar por um momento esses seminários no contexto da batalha contra o materialismo espiritual. Embora tenham sido planejados em resposta a um pedido de ensinamento sobre os oito aspectos de Padmasambhava, Trungpa Rinpoche alterou um pouco a ênfase e lhes concedeu o título de "Louca Sabedoria". Tanto os alunos "experientes" quanto os recém-chegados manifestavam um incansável apetite por técnicas e princípios espirituais em que pudessem se fixar e se identificar. Apresentada de forma muito literal, a iconografia exótica dos oito aspectos de Padmasambhava surgiria como carne sangrenta na água dos tubarões do materialismo espiritual. Isso pode explicar porque uma apresentação padrão da hagiografia dos oito aspectos, com detalhes consistentes e completos, foi evitada, e porque em seu lugar foi apresentado o discernimento bruto da louca sabedoria.

Alguma edição do material da palestra original foi necessária, pensando-se na fluidez da leitura. Porém, nada foi alterado na ordem da apresentação e nada do corpo das palestras foi deixado de fora. Realizou-se um grande esforço para não maquiar a linguagem de Trungpa Rinpoche ou alterar a sua escolha por determinadas palavras com o mero interesse de atingir um tom convencionalmente apresentável. Esperamos que o leitor faça bom proveito daquelas sentenças que ultrapassam os limites de nosso ruído mental e que nos tocam onde a inteligência conceitual ordinária não consegue tocar. Esperamos que o leitor também perceba que passagens obscuras em uma primeira leitura podem se tornar luminosamente claras em leituras subsequentes.

Aqui temos o poderoso rugido de um grande leão do darma. Possa ele afugentar os hereges da esperança e do medo. Para o benefício dos seres, que seus desejos continuem a se realizar.

Primeiro Seminário

Louca Sabedoria

(Jackson Hole, 1972)

Pema Gyalpo

1

Padmasambhava e o materialismo espiritual

O assunto de que vamos tratar é extraordinariamente difícil. É possível que algumas pessoas fiquem singularmente confusas. Outras talvez possam obter algo disso. Iremos falar sobre Guru Rinpoche, ou como ele é frequentemente chamado no Ocidente, Padmasambhava. Iremos considerar sua natureza e os diversos estilos de vida que desenvolveu ao trabalhar com seus alunos. Esse assunto é muito sutil e alguns de seus aspectos são muito difíceis de se colocar em palavras. Espero que ninguém considere esta minha humilde tentativa como um retrato definitivo de Padmasambhava.

Para começar, provavelmente será necessária alguma introdução básica sobre quem foi Padmasambhava, sobre como ele se insere no contexto do darma (ensinamentos budistas) em geral e sobre como ele veio a ser, em particular, admirado pelos tibetanos.

Padmasambhava foi o professor indiano que levou os ensinamentos completos do Darma do Buda ao Tibete. Ele segue sendo a nossa fonte de inspiração ainda agora, aqui no Ocidente. Herdamos os seus ensinamentos e, deste ponto de vista, acho que podemos dizer que Padmasambhava está vivo e passa muito bem.

Suponho que a melhor forma de caracterizar Padmasambhava para pessoas de um contexto ocidental ou cristão é dizer que ele foi um santo. Vamos discutir a profundidade de sua sabedoria e estilo de vida, e a habilidade que demonstrava ao lidar com seus alunos. Os alunos com os quais ele teve que lidar eram tibetanos – naqueles tempos, um povo extraordinariamente selvagem e inculto. Foi convidado ao Tibete, mas os tibetanos mostraram pouquíssimo conhecimento sobre como receber e dar as boas-vindas a um grande guru de outra parte do mundo. Eram muito teimosos e demasiadamente práticos e diretos – pé no chão demais. Criaram todo tipo de obstáculo à atividade de Padmasambhava no Tibete. No entanto, os obstáculos não vinham apenas do povo tibetano, mas também de diferenças no clima, relevo e da situação social como um todo. De alguma forma, a situação de Padmasambhava é bastante semelhante à nossa própria situação aqui hoje. Os americanos são hospitaleiros, mas, por outro lado, há um aspecto bastante selvagem e grosseiro na cultura americana. Espiritualmente, a cultura americana não nos leva a simplesmente apresentar uma luz brilhante e esperar que seja aceita.

Assim, há uma analogia ocorrendo aqui. Nos termos dessa analogia, os tibetanos são os americanos e Padmasambhava é ele mesmo.

Antes de entrar em detalhes com respeito à vida e aos ensinamentos de Padmasambhava, penso que seria apropriado discutir a ideia de "santo" na tradição budista. Na tradição cristã e na tradição budista, as ideias de "santo" são bastante divergentes. Na tradição cristã, um santo é geralmente alguém que está em comunicação direta com Deus ou que talvez esteja completamente intoxicado com a divindade, sendo por isso capaz de conceder determinadas certezas à população. As pessoas veem o santo como um exemplo de consciência ou desenvolvimento mais elevados.

Para o budismo, a espiritualidade é bem diferente. É não teísta, não sustenta o princípio de uma divindade externa. Dessa forma, não há possibilidade de obtermos promessas de uma divindade e fazer com que ela venha de lá de onde está até este lugar. Para o budismo, a espiritualidade está ligada a um despertar interior, não ao relacionamento com algo exterior. Assim, a ideia de santo como alguém que é capaz de se expandir e se relacionar com um princípio externo, obter algo dessa transação e então compartilhar com os outros é difícil de entender ou mesmo inexistente do ponto de vista budista.

No contexto budista, o santo – alguém como Padmasambhava ou outro grande ser como o próprio Buda – é alguém que nos dá o exemplo de que seres humanos completamente comuns e confusos podem despertar a si mesmos. Eles podem se recompor e acordar devido a uma ou outra situação qualquer da vida. A dor, os sofrimentos de todo tipo, a miséria e o caos que fazem parte da vida começam a sacudi-los, despertá-los. Uma vez que tenham sido sacudidos, começam a se questionar: "Quem sou eu? O que sou eu? Como tudo isso está acontecendo?". Então, eles seguem em frente e percebem que há algo neles fazendo essas perguntas, algo que é de fato inteligente e não exatamente confuso.

Isso acontece em nossas vidas. Sentimos confusão – parece ser confusão –, mas o que a confusão nos traz é algo que vale a pena explorar. As perguntas que fazemos em meio à nossa confusão são questões potentes, dúvidas que realmente temos. Perguntamos: "Quem sou eu? O que sou eu? O que é isto? O que é a vida?" e assim por diante. Então, exploramos ainda mais e nos perguntamos: "Afinal, quem sobre a face da terra fez aquela pergunta? Quem é essa pessoa que perguntou 'quem sou eu?' Quem é essa pessoa que perguntou 'o que é?' ou mesmo 'o que é o quê?'". Persistimos nesse questionamento, cada vez mais profundamente. De certa forma, essa é a espiritualidade não teísta em seu sentido mais amplo. As inspirações externas não nos estimulam a nos modelarmos buscando maiores inspirações externas. Pelo contrário, as situações externas ali presentes nos falam de nossa própria confusão, e isso nos leva a pensar mais e a pensar mais profundamente. Quando começamos a fazer isso, surge, evidentemente, o outro problema: uma vez que tenhamos descoberto quem ou o que somos, como aplicamos isso que aprendemos nas situações cotidianas? Como colocamos isso em prática?

Nesse contexto, parece haver dois enfoques possíveis. Um deles é tentar viver como *gostaríamos* de ser. O outro é tentar viver o que somos. Tentar viver como gostaríamos de ser é como fingir que somos um ser divino ou uma pessoa realizada, ou o que quer que tenhamos por modelo. Quando percebemos o que há de errado conosco, qual é a nossa fraqueza, quais são os nossos problemas e as nossas neuroses, a tentação automática é tentar agir exatamente da forma oposta, como se jamais tivéssemos ouvido algo sobre estarmos errados ou confusos. Dizemos para nós mesmos: "Pense positivo! Aja como se tudo estivesse correndo bem". Apesar de sabermos que algo está errado conosco, no nível efetivo da situação cotidiana, no nível da pia da cozinha, consideramos isso como pouco importante: "vamos esquecer essas 'más vibrações'", dizemos. "Vamos pensar de outro jeito. Vamos fingir que é bom."

Esse enfoque é conhecido na tradição budista como "materialismo espiritual", que significa não ser realista ou, para usar o jargão hippie, "viajar". "Vamos esquecer tudo que é ruim e fingir que estamos do lado do bem." Podemos classificar como materialismo espiritual qualquer enfoque – seja budista, hindu, judaico ou cristão – que forneça técnicas para tentarmos nos associar com o bom, com o melhor, com o superior – ou com o bem definitivo, com o divino.

Quando nos associamos com o bem, isso nos deixa felizes. Deleitamo-nos. Pensamos: "Finalmente encontrei uma resposta!". E essa resposta é que a única coisa a se fazer é nos considerarmos como já estando livres. Então, tendo estabelecido a posição de que já estamos livres, temos apenas que deixar as coisas fluírem.

Em seguida, adicionamos mais um elemento para reforçar nosso materialismo espiritual: tudo o que não conhecemos ou que não compreendemos em relação à busca espiritual, associamos a descrições de diversas escrituras sobre o que está além da mente, ao que está além das palavras, ao que é inefável – o "eu" inefável – ou qualquer outra coisa. Associamos à nossa própria falta de compreensão sobre o que está acontecendo conosco com essas coisas inexprimíveis. Dessa forma, a nossa ignorância se torna a maior descoberta de todas. Podemos ligar essa "grande descoberta" a algum pressuposto doutrinário, algo como, por exemplo, um "salvador" ou outra interpretação das escrituras.

Antes, não sabíamos nada, mas agora "sabemos" algo que na verdade não sabemos. Agora *há* algo à frente. Não podemos descrever em termos de palavras, de conceitos ou de ideias, mas descobrimos que, para começar, é só uma questão de permanecermos do lado do bem. Temos isso por início: somos capazes de direta e deliberadamente traduzir a nossa confusão como algo que não é confuso. Nós fazemos isso porque estamos buscando prazer, prazer espiritual. Ao fazê-lo, afirmamos que o prazer que estamos buscando é de uma natureza inconcebível, porque na verdade não fazemos ideia de que tipo de prazer espiritual podemos obter com essa manobra. E todas as interpretações espirituais das escrituras que se referem ao incognoscível podem ser aplicadas ao fato de que não sabemos o que estamos tentando fazer espiritualmente. Ainda assim, já estamos totalmente envolvidos em convicções espirituais, porque suprimimos as nossas dúvidas originais sobre quem ou o que somos – suprimimos a sensação de que talvez não sejamos coisa alguma. Suprimimos isso. Podemos já nem ter mais nada disso em mente.

Tendo reprimido tal embaraço do ego – que nos provia um ponto de apoio para encarar o desconhecido, um desconhecido cuja própria natureza desconhecemos – terminamos envolvidos com dois jogos de confusão: o jogo do desconhecido e o jogo do desconhecido transcendental. Os dois fazem parte do materialismo espiritual. Não sabemos quem somos, mas sabemos que gostaríamos de ser algo ou alguém. Decidimos ir em frente com o que gostaríamos de ser, mesmo sem saber o que de fato é isso. Esse é o primeiro jogo. Então, depois disso, conectados com esse fato de sermos algo, também gostaríamos de saber que há algo a respeito do mundo ou do cosmos que corresponda a esse "algo" que somos. Temos a sensação de encontrar esse algo que gostaríamos de conhecer, mas como não conseguimos compreendê-lo, ele se torna um desconhecido transcendental. Já que não podemos compreendê-lo, dizemos "vamos transformar essa confusão enorme e grandiosa na espiritualidade da infinitude de Deus" ou algo assim.

Isso nos dá certa compreensão do materialismo espiritual. O perigo do materialismo espiritual é que, sob a sua influência, fazemos todo tipo de pressuposições. Primeiramente, há pressuposições domésticas ou em nível pessoal, que fazemos porque queremos ser felizes. Em segundo lugar, há as pressuposições espirituais que fazemos porque aquela descoberta gigantesca, transcendental, permanece misteriosa. Isso nos leva a maiores pressuposições: não sabemos o que vamos realmente conquistar ao alcançar aquela coisa desconhecida, mas, ainda assim, damos a ela alguma descrição vaga, como "estar absorvido no cosmos". E, já que ninguém chegou tão longe ainda, se, por acaso, nossa descoberta da "absorção no cosmos" acaba questionada, apenas acrescentamos mais alguma lógica ou buscamos reforços nas escrituras ou em outras autoridades.

O resultado disso tudo é que terminamos nos autoconfirmando e confirmando a experiência, proclamando-a verdadeira. Ninguém é capaz de questioná-la. Em dado momento, já não haverá espaço para qualquer tipo de questionamento. A visão inteira se estabelecerá sem deixar espaço para o menor questionamento. Isso é o que chamamos de atingir a egoidade, em contraposição a atingir a iluminação. Nesse momento, se eu quiser exercer a minha agressão e a minha paixão sobre você e você não as aceitar, isso é culpa sua. O único jeito de lhe ajudar é encolher a sua cabeça, arrancar o seu cérebro e o seu coração. Desse modo, você se torna um mero fantoche sob o meu comando.

Esse é um retrato grosseiro do materialismo espiritual. É o primeiro de dois enfoques possíveis: tentar viver como você *gostaria* de ser. Agora vamos falar sobre o segundo enfoque possível: tentar vivenciar o que você é.

Essa possibilidade está ligada a encarar nossa confusão, nossa miséria e nossa dor, mas não a transformar essas descobertas em uma resposta. Em vez disso, exploramos cada vez mais profundamente sem procurar uma resposta. É um processo de trabalho consigo mesmo, com a própria vida, com nossa psicologia, sem procurar por uma resposta, mas reconhecendo as coisas como elas são – vendo o que acontece em nossas cabeças direta e simplesmente, literalmente. Se formos capazes de nos comprometermos com um processo como esse, há uma grande possibilidade de que a nossa confusão – o caos e a neurose que permeiam a nossa mente – se tornem uma base para ainda mais investigação. E então olhamos ainda mais profundamente. Não transformamos qualquer coisa em um ponto crucial ou em uma resposta de qualquer tipo. Por exemplo, ao descobrirmos certa coisa que está errada conosco, podemos pensar que deve ser *isso*, que esse deve ser o problema, que essa deve ser a resposta. Não. Não nos fixamos nisso, vamos além. "Por que isso é assim?" Olhamos mais adiante. Perguntamos: "Por que isso é assim? Por que há espiritualidade? Por que há despertar? Por que há esse momento de alívio? Por que há essa coisa de descobrir o prazer da espiritualidade? Por que, por que, por quê?". Vamos mais fundo e sempre além, até alcançarmos o ponto onde não há resposta. Não há sequer pergunta. Questionamento e resposta morrem simultaneamente em determinado ponto. Começam a se esfregar tão perto que entram em curto-circuito de alguma forma. Nesse ponto, tendemos a desistir de esperar por uma resposta ou, aliás, por qualquer outra coisa. Não temos mais esperança alguma, absolutamente. Estamos puramente sem esperança. Podemos chamar isso de transcender a esperança, se quisermos colocar em termos mais elegantes.

Essa ausência de esperança é a essência da louca sabedoria. Ela é profundamente sem esperança. Está além da desesperança. (Claro que, ao tentarmos transformar essa ausência de esperança em si em algum tipo de solução, seria possível tornarmo-nos confusos novamente.)

O processo consiste em ir mais além e mais fundo, sem qualquer ponto de referência de espiritualidade, sem qualquer ponto de referência de um salvador, sem qualquer ponto de referência de bondade ou maldade – sem qualquer ponto de referência de qualquer tipo! Finalmente, alcançaremos o nível básico da ausência de esperança, a transcendência da esperança. Isso não significa que viraremos zumbis. Ainda temos todas as energias, temos a fascinação da descoberta de ver esse processo desabrochar continuamente. Esse processo de descoberta se regenera automaticamente, de forma que continuamos indo mais fundo. Esse processo de ir mais fundo é o processo da louca sabedoria e é isso que caracteriza um santo na tradição budista.

Os oito aspectos de Padmasambhava que vamos discutir estão ligados a tal processo de penetração psicológica, de transpassar a superfície do reino psicológico e então ir cada vez mais fundo atravessando outras superfícies, chegando a outras profundezas e assim por diante. Esse é o processo com o qual nos envolvemos ao discutir a vida de Padmasambhava, os oito aspectos de Padmasambhava e a louca sabedoria.

Nesse contexto, vemos que a postura budista diante da espiritualidade consiste em eliminar implacavelmente qualquer possibilidade de nos confirmarmos em qualquer estágio particular de desenvolvimento no caminho espiritual. Quando descobrimos que fizemos algum progresso no caminho espiritual, em si mesma, essa descoberta de progresso é considerada como um obstáculo para um progresso maior. Assim, não temos chance alguma de descansar, de relaxar ou de nos congratularmos de qualquer forma. É uma jornada espiritual direta, implacavelmente incessante. Essa é a essência da espiritualidade de Padmasambhava.

Padmasambhava precisava lidar com o povo tibetano daquela época. Você bem pode imaginar. Um grande mago e erudito indiano, um grande *vidyadhara*, ou "mestre tântrico", chega na Terra das Neves, o Tibete. Os tibetanos pensam que ele vai ensinar algo belo sobre reconhecer a essência da mente. As expectativas cultivadas pelos tibetanos são enormes. O trabalho de Padmasambhava é transpassar as múltiplas camadas de expectativas, atravessar todas as pressuposições sobre o que a espiritualidade deveria ser. Finalmente, ao fim da missão de Padmasambhava no Tibete, quando ele se manifestou como *Dorje Trolö*, todas as camadas de expectativas haviam sido completamente transpassadas. Os tibetanos começaram a perceber que a espiritualidade consiste no total rompimento com esperança e medo bem como na descoberta repentina da inteligência que surge em meio a esse processo.

ALUNO: Qual é a diferença entre a louca sabedoria e a mera loucura?

Algumas pessoas poderiam apenas querer sair por aí sendo loucas e confusas, usando a louca sabedoria como desculpa. Qual seria a diferença?

TRUNGPA RINPOCHE: Bem, isso é o que estive tentando explicar durante toda a minha palestra, mas vamos tentar de novo. No caso da loucura comum, estamos constantemente tentando ganhar o jogo. Podemos até mesmo tentar transformar a loucura em alguma espécie de credencial para seguirmos adiante. Podemos tentar magnetizar pessoas com paixão ou destruí-las com agressão, etc. Há um jogo constante acontecendo na mente. O jogo da mente – estratégias constantes acontecendo – pode nos dar algum tipo de alívio ocasional, mas esse alívio precisa ser mantido com uma agressão cada vez maior. Esse tipo de loucura tem que se sustentar o tempo todo, continuamente.

No caso da loucura primordial da louca sabedoria, não nos permitimos, de forma alguma, ser seduzidos por paixão ou excitados pela agressão. Relacionamo-nos com essas experiências como elas são e, se algo surge no meio daquela mediocridade total e começa a se transformar em uma "grande coisa", cortamos isso – sem qualquer referência ao que seria bom ou ruim. A louca sabedoria é apenas a ação da verdade. Corta tudo. Nem mesmo tenta traduzir falsidade em verdade, porque até mesmo isso também seria apenas algum tipo de corrupção. É implacável porque, se você quer a verdade completa, se quer ser completa e absolutamente íntegro, qualquer sugestão de olhar ou interpretar as coisas de acordo com os próprios termos não é digna de exame. Por outro lado, o enfoque comum da loucura é completamente dado a esse tipo de coisa – adulterar o que quer que surja de forma a isso fazer parte do nosso esquema. Você faz aquilo ser o que você quer que aquilo seja, o que você mesmo quer ver. Mas a louca sabedoria se torna totalmente precisa pelo momento das coisas como elas são. Esse é o estilo de ação de Padmasambhava.

Aluno: Como a disciplina se relaciona com ser o que se é realmente? Eu pensava que disciplina significava impor algo a si mesmo.

Trungpa Rinpoche: A disciplina mais difícil é ser o que se é. É muito mais fácil tentar constantemente ser o que *não* se é. Treinamo-nos em trapacear a nós mesmos e também em trapacear os outros, em encaixar as coisas em categorias adequadas. E, se você retira isso, a coisa toda fica muito irritante, muito chata. Não há espaço para se convencer de qualquer coisa. Tudo é bem simples.

Aluno: Você geralmente faz uso do seu senso de humor ao explicar as coisas. Esse senso de humor, do jeito que você o utiliza, é o mesmo que louca sabedoria?

Trungpa Rinpoche: Não é bem isso. O senso de humor ainda tende muito para o outro lado, na direção de esperança e medo. É uma mentalidade dialética. Já a louca sabedoria é um enfoque amplo.

Aluno: Como nos relacionamos com esperança e medo através da disciplina da prática espiritual?

Trungpa Rinpoche: Esse é um bom ponto, na verdade. Desse ponto de vista, tudo o que é implacável – tudo o que não conhece esperança e medo – relaciona-se com a prática espiritual.

Padmasambhava como um jovem *bhikshu*

2

O Trikaya

Já discutimos as duas posturas possíveis com relação à espiritualidade: o materialismo espiritual e a transcendência ao materialismo espiritual. O estilo de Padmasambhava é transcender o materialismo espiritual, desenvolver sanidade básica. Desenvolver sanidade básica é um processo em que trabalhamos a nós mesmos e no qual o próprio caminho, não o fim, torna-se a base do trabalho. O caminho em si é a nossa constante fonte de inspiração, ao invés de promessas sobre realizações mais à frente – como no caso da cenoura e do burrico. Em outras palavras, para tornar isso completamente claro, a diferença entre o materialismo espiritual e a transcendência do materialismo espiritual é que, no primeiro caso, as promessas são utilizadas como uma cenoura que, mantida na frente de um burrico, o conduz a todo tipo de aventuras; por outro lado, na transcendência ao materialismo espiritual não há finalidade. A finalidade está em cada momento de nossa situação cotidiana, em cada momento de nossa jornada espiritual.

Dessa forma, a jornada espiritual se torna tão excitante e bela como se já fôssemos um buda ao trilharmo-la. Há descobertas constantes, mensagens constantes, advertências constantes. Há também um constante transpassar, constantes lições penosas – e prazerosas. A jornada espiritual da transcendência do materialismo espiritual é uma jornada completa e não depende de uma finalidade externa.

É essa natureza plena da jornada que discutiremos em relação à vida de Padmasambhava. Essa natureza pode ser descrita sob certos aspectos: contém espaço básico, ou totalidade; contém energia e um senso de brincadeira; contém aplicação pragmática, ou a lida com as situações da vida como elas são. Portanto, temos três princípios: a totalidade como a percepção plena do ambiente no caminho; a percepção do lúdico no caminho; a percepção do prático no caminho. São essas as três categorias que se desenvolvem.

Antes de entrar em detalhes sobre os oito aspectos de Padmasambhava, é interessante discutir esses três princípios em termos de como Padmasambhava os manifesta para nós como caminho.

Primeiramente, temos que olhar mais de perto a natureza do próprio caminho. O caminho é nosso esforço, a energia que colocamos na nossa vida diária. Consiste em nossa tentativa de trabalhar com as situações da vida diária como um processo de aprendizado, independentemente de nossa situação ser criativa ou destrutiva. Se derramamos uma xícara de café na mesa da pessoa ao nosso lado ou se passamos o sal para alguém, é a mesma coisa. Esses são acontecimentos que ocorrem o tempo todo nas situações da vida. Estamos constantemente fazendo coisas, constantemente nos relacionando com as coisas ou as rejeitando. Há uma brincadeira constante. Não estou, neste momento, falando da espiritualidade em particular: trata-se da existência cotidiana apenas, os eventos que ocorrem o tempo todo nas situações de nossa vida. Esse é o caminho.

O caminho não precisa necessariamente ser rotulado como espiritual. É apenas uma simples jornada, a jornada que contém a troca com a realidade disso ou daquilo, ou com a irrealidade dessas coisas, se preferir. Relacionar-se com essas trocas – o processo da vida, o processo de ser – é o caminho. Podemos pensar no caminho em termos de atingir a iluminação ou atingir a egoidade ou algo do tipo. Em qualquer um dos casos, nunca nos aprisionamos em um modelo. Podemos pensar que nos aprisionamos. Podemos nos sentir entediados com a vida ou algo assim, mas nunca ficamos realmente chateados ou realmente presos. A repetição da vida não é realmente repetitiva, é composta de acontecimentos constantes, situações que se desenvolvem continuamente o tempo todo. Esse é o caminho.

Desse ponto de vista, o caminho é neutro. Não tende para um lado nem para o outro. Há uma constante jornada, que começa no momento da separação básica, acontecendo. Começamos a nos relacionar em termos de "outro", "eu", "meu", "nosso" e por aí vai. Começamos a nos relacionar com as coisas como entidades separadas. Os outros ali são chamados de "ele" e esta coisa aqui é chamada de "eu". A jornada começa bem aí. Essa foi a primeira criação de samsara e nirvana. Logo no princípio, quando decidimos de alguma forma nos conectar com a energia das situações, envolvemo-nos em uma jornada, em um caminho.

Depois disso, desenvolvemos uma forma determinada de nos relacionarmos com o caminho e o caminho condicionou-se em se apresentar como espiritual ou mundano. Em outras palavras, a espiritualidade não é realmente o caminho, mas uma forma de condicionar o nosso caminho, a nossa energia.

Condicionamos o nosso caminho a partir das três categorias que já mencionei. Esse condicionamento acontece, por exemplo, em termos da totalidade da experiência, a primeira categoria. Esse é um aspecto de como nos relacionamos com o nosso caminho – em termos da totalidade de nossa experiência. O caminho está acontecendo de qualquer forma, então nos relacionamos com ele de uma determinada forma, tomamos uma atitude particular com respeito a ele. Então, o caminho se torna ou um caminho espiritual ou um caminho mundano. Essa é a forma *como* nos relacionamos com o caminho – é assim que surge a motivação. E a motivação tem um padrão tríplice.

Na tradição budista, esses três aspectos do caminho são chamados de *darmakaya*, *sambogakaya* e *nirmanakaya*. Esses três aspectos são aquilo que condiciona o caminho. O processo contínuo do caminho tem uma determinada atitude total. A jornada toma um padrão que tem em si um elemento de sanidade básica total. Essa sanidade total, ou qualidade iluminada, não é particularmente atraente no sentido usual. É a sensação de completa abertura que já discutimos. É essa abertura total e completa que nos torna capazes de transcender esperança e medo. Com essa abertura, relacionamo-nos com as coisas como elas são em vez de como gostaríamos que elas fossem. Essa sanidade básica, esse enfoque que transcende esperança e medo, é a atitude da iluminação.

Essa atitude é muito prática. Não rejeita o que surge no caminho nem se torna apegada ao que surge no caminho. É apenas ver as coisas como elas são. Assim, é uma abertura total e completa – completa boa vontade em encarar o que quer que surja, em trabalhar com aquilo e relacionar-se com aquilo como parte do processo geral. Essa é a mentalidade darmakaya do espaço que tudo permeia, de incluir tudo sem inclinações. É uma forma mais ampla de pensar, uma forma mais grandiosa de ver as coisas, em contraposição a ser mesquinho, pequeno.

Estamos mantendo a perspectiva darmakaya na medida em que não nos relacionamos com o mundo como nosso inimigo. O mundo é a nossa situação vantajosa, é aquilo com o que temos que trabalhar. Nada que surja nos fará lutar com o mundo. O mundo é essa situação extraordinariamente rica que se apresenta, cheia de recursos. Essa perspectiva básica de generosidade e riqueza é o enfoque darmakaya. É um pensar totalmente positivo. Essa visão mais ampla é a primeira atitude em relação ao caminho.

Então, temos a segunda atitude, ligada com o sambogakaya. As coisas são abertas, espaçosas e trabalháveis, como já dissemos – mas há algo mais. Também precisamos nos relacionar com as fagulhas, com a energia, com os raios e com a vivacidade que tomam lugar dentro dessa abertura. Essa energia, que inclui agressão, paixão, ignorância, orgulho, inveja e assim por diante, também precisa ser reconhecida. Tudo o que surge no reino da mente tem que ser aceito como a luz cintilante que brilha em meio à natureza vasta do caminho espiritual. Brilha e nos surpreende constantemente. Há um âmbito de nosso ser que é muito vivo, muito enérgico e poderoso. Descobertas acontecem o tempo todo. Essa é a forma sambogakaya de se relacionar com o caminho.

Assim, o caminho contém o mais amplo sentido da total aceitação das coisas como elas são e o caminho também contém o que podemos chamar de fascinação com as excitantes descobertas dentro das situações. É válido repetir que, nesse contexto, não estamos rotulando nossas experiências como "virtuosas", "religiosas" ou "mundanas". Estamos apenas lidando com as coisas que acontecem nas situações da vida. Aquelas energias e paixões que encontramos em nossa jornada se apresentam como descobertas contínuas de diferentes facetas, diferentes perfis de nós mesmos. Nesse ponto, as coisas se tornam bem interessantes. Enfim, não somos tão vazios ou desinteressantes quanto pensávamos ser.

E então temos um terceiro tipo de relacionamento com o caminho, ligado ao nirmanakaya. Esse é o aspecto prático básico de existir no mundo. Temos a totalidade, temos as várias energias e agora temos que funcionar no mundo como ele é, no mundo cotidiano. Esse último aspecto requer tremenda atenção e esforço. Não podemos apenas deixar a totalidade e a energia tomarem conta de tudo. Temos que colocar alguma disciplina em nossa postura nas situações da vida. Todas as disciplinas e técnicas descritas nas tradições espirituais estão ligadas a esse princípio nirmanakaya de aplicação ao caminho. Há a prática da meditação, há o trabalho intelectual, há o aspecto de aprofundar o interesse na relação com os outros, de desenvolver compaixão fundamental e um senso de comunicação, e também de desenvolver um conhecimento ou uma sabedoria para sermos capazes de olhar uma situação como um todo e reconhecer as formas como as coisas podem ser trabalhadas. Todas essas são disciplinas nirmanakaya.

Colocados em conjunto, os três princípios ou os três estágios – darmakaya, sambogakaya, nirmanakaya – fornecem uma base completa para a jornada espiritual. Por causa deles, a jornada e a nossa atitude em relação a ela tornam-se algo trabalhável, algo com o qual podemos lidar diretamente e de forma inteligente, sem que precisemos relegá--las a uma categoria vaga como "mistério da vida".

No que se refere ao nosso estado psicológico, cada um desses princípios tem outra característica que discutirei. Enquanto estado psicológico, o darmakaya é o ser básico. É uma totalidade na qual confusão e ignorância nunca existiram, é a existência total que *nunca precisa de um ponto de referência*. O sambogakaya é aquilo que continuamente contém a energia espontânea, porque *nunca depende de nenhum tipo de energia de causa e efeito*. E o nirmanakaya é o contentamento autoexistente, no qual *não é necessário nenhum estratagema para se lidar com as coisas*. Esses são os três aspectos psicológicos da natureza de buda que se desenvolvem.

Ao olhar para a vida de Padmasambhava e seus oito aspectos, encontraremos esses três princípios. Perceber esses princípios psicológicos em ação na vida de Padmasambhava pode nos ajudar a não considerar Padmasambhava puramente como uma figura mítica que nunca ninguém viu. Esses são princípios que podem funcionar juntos e que qualquer um pode trabalhar em relação a si mesmo.

Aluno: Os oito aspectos da vida de Padmasambhava são oito estágios que podemos trabalhar na tentativa de obter uma transformação radical em nosso próprio desenvolvimento psicológico?

Trungpa Rinpoche: Na verdade, os oito aspectos não são realmente níveis de desenvolvimento lineares e sucessivos. O que temos é mais uma situação contendo oito aspectos – um princípio central cercado por oito tipos de manifestação. Há oito aspectos para todos os tipos de situação.

Psicologicamente, talvez pudéssemos dar algum tipo de salto ao nos relacionarmos com isso. Porém, é preciso entender que, como é apresentado nas escrituras, Padmasambhava já era iluminado quando se manifestou como os oito aspectos. Os oito aspectos não eram sua jornada espiritual. Ele estava se expressando, dançando com as situações. Ele já estava exibindo as expressões da louca sabedoria.

O que estou querendo dizer é que podemos encontrar todos esses oito aspectos em nós mesmos, em uma única situação a ser trabalhada. Podemos nos conectar a eles. Podemos dar um grande salto com todos os oito simultaneamente.

Aluno: Portanto, definitivamente não é uma progressão linear como os dez *bhumis*.

Trungpa Rinpoche: Veja bem, estamos falando sobre o caminho instantâneo, o caminho direto ou repentino do tantra. Essa é uma realização que não depende de um desmascarar externo construído e progressivo. É uma realização que come de dentro para fora e não um desmascarar que toma lugar externamente. Comer de dentro para fora é o enfoque tântrico. De certa forma, isso é mais sofisticado do que os dez bhumis, ou estágios, do caminho do *bodisatva*. Estamos discutindo mais o *"samadi* como um *vajra"* do Buda e a sua forma de se relacionar com as coisas, que, é claro, está ligada à natureza de buda. Neste momento, estamos focando isso como uma transmissão direta, repentina, um caminho direto, sem entrar nas *paramitas* ou nos bhumis. O foco aqui é se considerar como já sendo um buda. Buda é o caminho, não o fim. Estamos trabalhando de dentro para fora. A máscara cai por si só.

Aluno: Padmasambhava já era um buda quando nasceu?
Trungpa Rinpoche: Ele era mais uma pessoa desperta do que um buda completamente realizado. Ele era o princípio darmakaya tentando se manifestar no âmbito sambogakaya e enfim começando a se relacionar com o mundo externo. Assim, poderia ser considerado uma pessoa que ao nascer era um buda em potencial, e que rompeu destemida e implacavelmente as barreiras para a concretização desse potencial. Ele atingiu a iluminação instantânea em um único momento e, ao que parece, podemos fazer o mesmo.

Aluno: Isso está ligado à ideia de que você tem falado tão frequentemente, de termos que dar um salto?
Trungpa Rinpoche: Isso tem mais a ver com a *atitude* de dar um salto do que com dar realmente o salto. Queremos saltar e então há a situação de saltar. O importante nesse contexto é o espírito ou o ponto de vista que você tem, mais do que uma aplicação particular de como se lida com as coisas. É algo muito mais amplo do que isso.

Aluno: Você falou muito sobre implacabilidade e destemor. Em relação a que somos implacáveis? Você apenas implacavelmente assume uma atitude psicológica particular?

Trungpa Rinpoche: O ponto de ser implacável é que, quando se é implacável, ninguém consegue o persuadir. Ninguém consegue seduzi-lo em uma direção pouco saudável. "Implacável" nesse sentido, não no sentido convencional da agressão ilógica – tal como em um Mussolini, Hitler ou alguém desse tipo. Não se é persuadido ou seduzido. Não se aceita nada disso. Mesmo as tentativas de sedução produzem apenas mais energia destrutiva na direção daquela sedução. Estando-se completamente aberto e desperto nos termos da louca sabedoria, ninguém consegue nos atrair ao seu domínio.

Aluno: Então você mantém essa implacabilidade...
Trungpa Rinpoche: Você não se mantém implacável. A sua implacabilidade é mantida pelos outros. Você não mantém coisa alguma. Você apenas *está* ali e o que quer que surja você apenas projeta de volta. Tome o fogo por exemplo. Ele não possui o seu poder de destruição. Aquilo apenas acontece. Quando você coloca algo no fogo ou tenta apagá-lo, o poder ofensivo dele simplesmente se mostra. É a natureza orgânica ou a química do fogo.

Aluno: Quando essas coisas vêm até você, você precisa ser implacável de forma a repeli-las, certo? Então, aparentemente, é preciso fazer um julgamento quanto a certo e errado, quanto a se o que chega a você é positivo ou negativo, e se devemos ser compassivos ou implacáveis.
Trungpa Rinpoche: Não vejo assim. Esse é o ponto principal do tipo transcendental de implacabilidade. Não necessita de julgamento. A situação gera a ação. A reação simplesmente acontece, uma vez que os elementos já contêm agressão. Se você lida com ou interfere nos elementos de uma forma irreverente ou sem habilidade, eles irão bater de volta em você. A implacabilidade parece sobreviver em um sentido de relatividade, de "isso"

versus "aquilo", mas de fato não é assim. Ela é absoluta. Os outros apresentam uma noção relativa e você corta. Esse estado de ser não ocorre de forma alguma em um nível relativo. Em outras palavras, esse absoluto vai além de todas as noções relativas que surgem e ainda assim permanece autocontido.

ALUNO: Mas isso o tornaria muito isolado, muito solitário.
TRUNGPA RINPOCHE: Não, eu não acho, porque "absoluto" significa "tudo". Assim, tem-se mais do que se precisa, por assim dizer.

ALUNO: Você está dizendo que desesperança e destemor são a mesma coisa?
TRUNGPA RINPOCHE: Sim. Eles são definitivos, se você é capaz de lidar com isso. Eles são definitivos.

ALUNO: Como a implacabilidade se aplica à destruição do ego? Ser implacável parece tão pouco compassivo, quase egoico por si só.
TRUNGPA RINPOCHE: Bem, é a intensidade do ego que gera medidas "não compassivas". Em outras palavras, quando a neurose e a confusão atingem um ponto extremo, a única forma de corrigir a confusão é destruindo-a. É preciso despedaçar a coisa completamente, por inteiro. O processo de destruição surge da própria confusão e não do fato de alguém considerar uma boa ideia destruir a confusão à força. Nenhum outro pensamento está envolvido. A intensidade da confusão gera a destruição dela mesma. Implacabilidade é apenas colocar energia em ação. É apenas deixar que a energia queime a si mesma, em vez de matar alguma coisa. Permitir que as neuroses do ego cometam suicídio, em vez de as matar. Isso é implacável. O ego está matando a si mesmo implacavelmente, basta dar espaço para que isso aconteça.

Não se trata de guerra. Fica-se ali e então acontece. De outra forma, se não se está bem ali, há a possibilidade de todo tipo de bode expiatório e uma variedade de saídas secretas. Mas, permanecendo-se ali, nem é preciso de fato "ser implacável". Apenas estar ali; do ponto de vista do ego, isso é implacável.

3
Inocência Primordial

A descoberta do caminho e da atitude correta quanto a ele têm certa função espiritual. O caminho pode tornar possível a conexão com o ser básico, primordial e inocente.

Damos tanta ênfase à dor e à confusão que nos esquecemos da inocência fundamental. O enfoque que frequentemente tomamos quanto à espiritualidade é o de apenas buscar alguma experiência que possibilite redescobrir a maturidade, em vez de nos voltarmos para a qualidade infantil e inocente. Enganamo-nos dando um jeito de ficarmos completamente adultos e respeitáveis, de nos tornarmos psicologicamente sensatos, por assim dizer.

Isso parece corresponder à ideia convencional que fazemos da iluminação. Supomos que uma pessoa iluminada deva ser mais ou menos como um sábio idoso: não necessariamente um professor, mas talvez como um velho pai capaz de nos dar bons conselhos sobre como lidar com os problemas da vida ou uma velha avó que conhece todas as receitas e simpatias. Parece ser essa a fantasia atual em nossa cultura, no que diz respeito a seres iluminados. Seriam todos velhos e sábios, adultos e sólidos.

O tantra tem uma noção diferente da iluminação, que está ligada à juventude e à inocência. Podemos reconhecer esse padrão na história da vida de Padmasambhava. Nela, o estado desperto da mente não é retratado como velho, mas como jovem e livre. Juventude e liberdade, nesse caso, estão ligadas ao nascimento do estado desperto da mente. O estado desperto da mente tem uma qualidade matinal, de aurora – é fresco e radiante, completamente desperto. Essa é a qualidade do nascimento de Padmasambhava.

Ao nos identificarmos com o caminho e com a atitude apropriada em relação ao caminho, descobrimos, em um piscar de olhos, que há nele algo belo. O caminho possui um frescor que se contrasta com a monotonia de seguir um programa de práticas sucessivas. Novas descobertas ocorrem. A nova descoberta é o nascimento de Padmasambhava.

Padmasambhava nasceu sobre uma flor de lótus em um lago em Uddiyana. Aparentava ser um menino de oito anos. Era curioso, brilhante, jovem e absolutamente intocado. Uma vez que não havia sido tocado por nada, ele não temia tocar coisa alguma. Estava cercado de *dakinis* que lhe faziam oferendas e tocavam música. Nesse lago fresco e imaculado – o lago Dhanakosha em Uddiyana, em algum lugar da região dos Himalaias, no Afeganistão –, havia até mesmo feras, animais selvagens reunidos ao seu redor, prestando homenagem a ele. A paisagem era similar à de Kashmir, com o ar muito fresco da serra e montanhas nevadas por todos os lados. Havia essa sensação de frescor e, ao mesmo tempo, uma sensação agreste.

O fato de uma criança nascer em um lugar tão remoto e desolado, em uma flor de lótus no meio de um lago, está além da capacidade da mente conceitual. Por exemplo, uma criança não nasce de um lótus. Além disso, essa região de montanhas selvagens é demasiado hostil para acomodar o nascimento de uma criança, ainda mais de uma criança saudável. Um nascimento assim é impossível. Mas, vejam só, coisas impossíveis acontecem, coisas além de nossa imaginação. De fato, as coisas impossíveis acontecem antes mesmo de nossa imaginação acontecer, então podemos descrevê-las adequadamente como "inimagináveis" – mesmo como "que doideira" ou "que viagem".

Então, Padmasambhava nasceu no lago. Ele nasceu como um príncipe, jovem e bonitinho, mas também brilhante. Aterrorizantemente brilhante. Seus olhos brilhantes olham para você. Ele não teme tocar coisa alguma. Às vezes chega a ser embaraçoso estar perto dele – perto dessa bondosa e bela criança de oito anos.

O estado desperto da mente pode ser tanto infantil quanto maduro, mas a forma com que geralmente o imaginamos é "madura". A vida nos surra, nos confunde, mas alguém consegue cruzar o rio turbulento da vida e encontrar a resposta. Alguém trabalha muito e com muito esforço, e finalmente alcança paz de espírito. Essa é a ideia convencional, mas não foi assim com Padmasambhava. Ele era inexperiente. A vida não o surrou nem um pouco. Ele simplesmente nasceu em um lótus no centro de um lago em algum lugar do Afeganistão. Essa é uma mensagem estimulante, extraordinariamente estimulante. Podemos ser iluminados e infantis. Isso está de acordo com as coisas como elas são: se estamos despertos, somos apenas uma criança. No primeiro estágio de nossa experiência, somos apenas uma criança. Somos inocentes, porque voltamos ao nosso estado original de ser.

Padmasambhava foi convidado à corte do rei Indrabhuti. O rei havia pedido a seus jardineiros que juntassem flores – lótus e flores da montanha – na região do lago. Para a surpresa de um deles, havia um lótus gigante no qual uma criança estava sentada, feliz por estar ali. Ele não queria tocar a criança – temia aquela situação misteriosa. Relatou tudo ao rei, que lhe disse para trazer tanto a criança quanto a flor. Padmasambhava foi entronado e coroado como o príncipe de Uddiyana. Ele foi nomeado *Padma Raja* (ou *Pema Gyalpo*, em tibetano), "O Rei do Lótus". Nós também podemos descobrir nossa própria inocência e beleza infantil, nossa qualidade principesca. Havendo revelado todas as confusões e neuroses, começamos a perceber que elas são inócuas e não têm chance alguma. Então, gradualmente, encontramos a qualidade inocente e infantil em nós. É claro que isso é bem diferente de ideias ao estilo da terapia do "grito primordial". E também não significa que somos *reduzidos* a uma criança. Em vez disso, descobrimos a *qualidade* infantil em nós mesmos. Tornamo-nos refrescantes, inquisitivos, brilhantes, queremos saber mais sobre o mundo, mais sobre a vida. Despimo-nos de todos os preconceitos. Começamos a reconhecer a nós mesmos – é como um segundo nascimento. Descobrimos a nossa inocência, a nossa qualidade primordial, a nossa juventude eterna.

O primeiro "progresso psicológico" nos apresenta à nossa qualidade infantil, mas seguimos um pouco apreensivos sobre como lidar com a vida, ainda que não estejamos mais aterrorizados com ela. Há uma sensação de esticar a mão e começar a explorar áreas desconhecidas pela primeira vez. A nossa experiência de dualidade – o que pensávamos que conhecíamos, os nossos preconceitos –, tudo se revelou falso, caiu por si só. Agora, pela primeira vez, percebemos a qualidade real do caminho. Desistimos das reservas do nosso ego ou, pelo menos, reconhecemos essas reservas.

Quanto mais percebemos o ego e as suas neuroses, mais próximos estamos do estado de mente infantil que não sabe bem como lidar com o próximo passo da vida. Geralmente, as pessoas perguntam: "Supondo que eu medite, o que vou fazer com isso? Se atingir um estado pacífico da mente, como vou lidar com meus inimigos e meus superiores?". De fato, perguntamos coisas muito infantis. "Se isso e aquilo acontecer enquanto eu progredir no caminho, como vai ser?" É muito infantil, é coisa de bebê. É uma descoberta refrescante da percepção, a descoberta fresca da sensação das coisas como elas são.

Dessa forma, Padmasambhava viveu no palácio. Cuidaram dele e o divertiram. Em um determinado ponto, pediram que se casasse. Devido à sua inocência, tinha grandes reservas quanto a isso, mas, afinal, decidiu seguir em frente. O jovem príncipe cresceu, explorou a sexualidade e o sistema do casamento – como se relacionar com uma esposa. Gradualmente, viu que o mundo ao seu redor não era tão delicado, não tão delicado quanto as pétalas do lótus. O mundo era excitante e divertido. Era como ganhar pela primeira vez um brinquedo que podia ser batido, desparafusado, desmontado e remontado.

Trata-se de uma história muito comovente de uma jornada cada vez mais "para fora". Começando pela inocência básica do nível darmakaya, que é o estado embrionário da natureza de buda, precisamos eclodir, passo a passo. Então, temos que nos relacionar com a natureza lúdica do mundo como ele é, nos níveis sambogakaya e nirmanakaya.

Padmasambhava enquanto um bebê representa esse estado infantil total em que não há dualidade, em que não há "isso" e "aquilo". Esse estado permeia completamente tudo. Há também uma sensação de frescor, porque esse estado é total, está por todo lado, não há ponto de referência. Como não há ponto de referência, não deixa nada a poluir nossos conceitos ou ideias. É algo completamente último e definitivo.

A partir desse ponto, Padmasambhava, havendo se casado, ficou mais brincalhão. Ele até mesmo começou a experimentar a agressão, descobrindo que podia usar a sua força para jogar coisas e que, ao fazer isso, as coisas quebravam, e levou isso ao extremo, sabendo que tinha o potencial da louca sabedoria dentro de si. Ele dançou no telhado do palácio empunhando dois cetros – um *vajra* e um tridente. Então arremessou o vajra e o tridente. Eles caíram e atingiram uma mulher e seu filho, que caminhavam em frente ao palácio, matando-os instantaneamente. Por acaso, tratava-se da esposa e do filho de um dos ministros do rei. O vajra atingiu a cabeça da criança e o tridente atingiu o coração da mãe.

Muito brincalhão! (Temo que essa não seja uma história muito respeitável.)

Esse evento teve sérias repercussões. Os ministros decidiram exercer suas influências perante o rei, exigindo que ele expulsasse Padmasambhava e o exilasse do reino. O crime de Padmasambhava foi cometido em termos da natureza selvagem exploratória, que ainda está no nível sambogakaya, no reino de experimentar as coisas e suas sutilezas, e de explorar nascimento e morte. Assim, o rei exilou Padmasambhava. O rei ficou muito arrependido, mas a brincadeira do mundo convencional precisava respeitar a lei. O mundo dos fenômenos possui um arranjo legal bem simples. O jogo dos fenômenos contém causas e efeitos que ocorrem o tempo todo.

Isso não significa que Padmasambhava era sujeito ao carma. Pelo contrário, ele estava explorando a legalidade do carma – o entrelaçamento cármico com o mundo externo, com o mundo confuso. Foi esse mundo confuso que o moldou como professor, não ele próprio ao se autoproclamar dizendo "sou um professor" ou "sou o salvador do mundo". Ele nunca disse nada desse tipo. Mas o mundo começou a formatá-lo como professor ou como salvador. No contexto dessa modelagem, uma das expressões do mundo – que fez com que esse processo fosse capaz de continuar – foi o fato de que ele praticou essa ação violenta e assim teve de ser expulso do reino de Indrabhuti, precisando partir para o cemitério a céu aberto[1] de Silwa Tsal ("Bosque Gélido"), supostamente em algum lugar na região de Bodhgaya, no sul da Índia.

---

1 N. do T.: O *charnel ground* (campo de cremação ou cemitério a céu aberto) é um contexto fúnebre e cultural próprio da Índia clássica. O autor o explicará melhor no próximo capítulo.

A qualidade infantil e exploratória que se desenvolve quando começamos a trabalhar com o caminho espiritual exige que lidemos tanto com perigos quanto com prazeres de todos os tipos. Essa qualidade infantil é automaticamente direcionada para o mundo lá fora, já havendo sido percebido que o lampejo repentino do estado iluminado da mente não está no fim, mas no princípio da jornada. O despertar súbito ocorre e então nos tornamos uma criança. Depois disso, exploramos como trabalhar com os fenômenos, como dançar com os fenômenos e, ao mesmo tempo, como nos relacionar com pessoas confusas. Trabalhar com pessoas confusas imediatamente nos leva a manifestar determinados formatos em conformidade com os ensinamentos de que elas precisam e com as situações que se tornam necessárias para que lidemos com elas.

Aluno: Poderia falar um pouco mais sobre o princípio darmakaya e a ideia de totalidade, e também um pouco mais sobre o sambogakaya e o nirmanakaya?

Trungpa Rinpoche: Aparentemente, o princípio darmakaya acomoda tudo. Acomoda quaisquer extremos, não interessando se os extremos já estão ali ou não – não faz diferença alguma. É uma totalidade em que há um tremendo espaço para se movimentar. O princípio sambogakaya é a energia que está envolvida com essa totalidade e que coloca ainda mais ênfase nessa totalidade. O aspecto de totalidade do darmakaya é como o oceano e o aspecto sambogakaya é como suas ondas, que são como afirmações de que o oceano existe. O aspecto nirmanakaya é como um navio, que torna a situação toda pragmática e trabalhável – podemos velejar no oceano.

Aluno: Como isso se relaciona com a confusão?

Trungpa Rinpoche: A confusão é a outra parceira. Se há alguma compreensão, essa compreensão geralmente possui as suas próprias limitações embutidas. Assim, a confusão está automaticamente ali até que o nível absoluto seja alcançado, nível em que a compreensão não precisa de sua própria ajuda porque a situação como um todo já é compreendida por si só.

Aluno: Como isso se aplica à vida cotidiana?
Trungpa Rinpoche: Bem, na vida cotidiana é a mesma coisa. Trabalha-se com a totalidade, há o espaço básico para trabalhar com a vida e também há energia e pragmatismo envolvidos. Em outras palavras, não estamos limitados a uma coisa particular. Boa parte da frustração que sentimos quanto às nossas vidas vem de sentirmos que os nossos meios de transformar as situações cotidianas ou improvisar frente a elas são inadequados. Mas esses três princípios, darmakaya, sambogakaya e nirmanakaya, abrem-nos tremendas possibilidades para improvisação. Há infinitos recursos de todos os tipos com os quais podemos trabalhar.

Aluno: Qual era o relacionamento de Padmasambhava com rei Indrabhuti? Como isso está relacionado ao seu desenvolvimento a partir de sua inocência básica?
Trungpa Rinpoche: Rei Indrabhuti foi sua primeira plateia, o primeiro representante do samsara que Padmasambhava contatou. O fato de Indrabhuti o levar ao palácio foi o começo de seu aprendizado de como trabalhar com os alunos, as pessoas confusas. Indrabhuti lhe forneceu uma forte representação da mente confusa em uma figura paterna.

Aluno: Quem eram a mãe e o filho que foram mortos?
Trungpa Rinpoche: Nas escrituras e comentários que tratam da vida de

Padmasambhava, há várias interpretações quanto a eles. Como o vajra está ligado aos meios hábeis, a criança morta pelo vajra seria o oposto dos meios hábeis, ou seja, a agressão. O tridente estaria ligado à sabedoria – assim, a mãe morta representaria a ignorância. Há também justificativas baseadas no carma de vidas passadas: o filho seria fulano e teria cometido tal ato cármico negativo, o mesmo se dando com a mãe. É bem complicado. A história de Padmasambhava, neste contexto, está em uma dimensão completamente diferente – a dimensão do mundo psicológico. Ela alcança um nível pragmático, por assim dizer, quando ele chega ao Tibete e começa a lidar com os tibetanos. Antes disso, é como estar no reino da mente.

ALUNO: Há alguma analogia entre essas duas mortes e a espada de Manjushri cortando a raiz da ignorância? Ou com o Buda falando sobre *shunyata*, vacuidade, e alguns de seus discípulos tendo ataques cardíacos?

TRUNGPA RINPOCHE: Não vejo assim. A espada de Manjushri está bem mais direcionada à prática no caminho, enquanto a história de Padmasambhava está relacionada com o resultado. Uma vez que tenhamos vivenciado um lampejo repentino de iluminação, como lidamos com nós mesmos depois disso? A história de Manjushri, a história do *Sutra do Coração* e todas as outras histórias de ensinamentos dos sutras correspondem aos níveis Hinayana e Mahayana, e são apropriadas para um buscador no caminho. O que estamos discutindo aqui é uma noção "guarda-chuva", a noção de "vir de cima": já havendo atingido a iluminação, como trabalhamos com as cenas dos próximos capítulos? A história de Padmasambhava é um manual para budas – e cada um de nós é um buda.

ALUNO: Ele estava experimentando com a intenção?

Trungpa Rinpoche: Bem, no reino do darmakaya é muito difícil dizer o que é e o que não é intenção. Não há realmente nada.

Aluno: Gostaria de saber mais sobre as metáforas contrastantes de "comer de dentro para fora" e "despir as camadas pelo lado de fora". Se compreendi corretamente, "despir as camadas" é o caminho do bodisatva. Já no caminho tântrico, comemos de dentro para fora. Mas não entendo as metáforas.

Trungpa Rinpoche: Nesse contexto, o ponto é que o tantra é contagioso. Envolve uma substância muito poderosa, que é a natureza de buda comendo desde dentro em vez de ser alcançada após retirarmos camadas externas. Na história da vida de Padmasambhava, estamos discutindo o resultado como caminho em vez de discutir o caminho como caminho. É uma perspectiva completamente diferente, não é o ponto de vista dos seres senscientes tentando atingir iluminação, mas o ponto de vista de uma pessoa iluminada tentando se relacionar com os seres senscientes. É por isso que o enfoque tântrico é de "comer de dentro para fora". As dificuldades de Padmasambhava com seu pai, o rei Indrabhuti, e com o assassinato da mãe e do filho estão ambas conectadas com os seres senscientes. Estamos contando a história interna em vez de assistir a um documentário externo a respeito de outra pessoa.

Aluno: Como esse "comer desde dentro" acontece?
Trungpa Rinpoche: Lidando com as situações de forma habilidosa. As situações já estão criadas, você apenas sai e "surfa" com elas. É como um quebra-cabeça autoexistente que monta a si próprio.

Aluno: É o aspecto darmakaya que dissipa a esperança e o medo?
Trungpa Rinpoche: Sim, isso parece ser o básico. Esperança e medo es-

tão por toda parte, como em uma situação assombrosa. Mas o darmakaya elimina completamente a assombração.

Aluno: Você está dizendo que a história de Padmasambhava, do seu nascimento no lótus até a destruição de todas as camadas de expectativas dos alunos e, finalmente, sua manifestação como Dorje Trolö, está se movendo vagarosamente do darmakaya até o nirmanakaya?
Trungpa Rinpoche: Sim, é nisso que estou tentando chegar. Até agora, ele surgiu no darmakaya e está chegando na borda do sambogakaya. O sambogakaya é o princípio da energia, ou o princípio da dança, sendo o darmakaya o pano de fundo geral.

Aluno: É por isso que esperança e medo têm que desaparecer antes de...
Trungpa Rinpoche: Antes de a dança acontecer. Sim, definitivamente.

Aluno: A energia do sambogakaya é a energia à qual o desejo e a raiva estão vinculadas?
Trungpa Rinpoche: O nível sambogakaya não parece ser isso. É o aspecto positivo que resta após o processo de desmascarar. Em outras palavras, quando se atinge a ausência de agressão, essa ausência se transforma em energia.

Aluno: Assim, quando as máculas são transformadas em sabedoria...
Trungpa Rinpoche: Transmutadas. Trata-se até mesmo de mais do que mera transmutação – não sei que palavra poderia ser utilizada. As máculas estão se relacionando tanto com aquilo, que a sua função se torna inútil, mas o seu não funcionamento se torna útil. No sambogakaya há outro tipo de energia.

Aluno: Parece haver algum tipo de piada cósmica na coisa toda. O que você está dizendo é que é preciso dar o primeiro passo, mas que não se pode dar o primeiro passo até que se tenha dado o primeiro passo.

TRUNGPA RINPOCHE: Sim, a pessoa precisa ser empurrada. É aqui que surge o relacionamento entre professor e aluno. Alguém tem que empurrar. Esse é o nível primitivo, inicial.

ALUNO: Você está empurrando?
TRUNGPA RINPOCHE: Acho que sim.

Vajradhara

4
Eternidade e o cemitério a céu aberto

Gostaria de me assegurar de que o que já foi discutido tenha ficado bem claro. O nascimento de Padmasambhava é como uma experiência repentina do estado desperto. Um nascimento assim não pode acontecer a não ser que uma experiência do estado desperto da mente esteja presente e nos mostre a nossa própria inocência, a nossa qualidade infantil. E as experiências de Padmasambhava com o rei Indrabhuti de Uddiyana estão ligadas a, uma vez que se tenha vivenciado o lampejo repentino do despertar, seguir em frente. Esse parece ser o ensinamento, a mensagem da vida de Padmasambhava até este ponto.

Seguimos então com o próximo aspecto de Padmasambhava. Tendo vivenciado o estado desperto da mente, e já passado por experiências de sexualidade e agressão, por todos os prazeres que existem no mundo, ainda resta alguma incerteza sobre como trabalhar com esses processos mundanos. A incerteza de Padmasambhava não é no sentido de ele estar confuso, mas diz respeito a como ensinar, como se relacionar com o público. Os próprios alunos estão apreensivos, pois, para começar, nunca haviam lidado com uma pessoa iluminada. Trabalhar com uma pessoa iluminada é extraordinariamente emocionante e prazeroso, mas, ao mesmo tempo, pode ser bastante destrutivo. Se fizermos algo errado podemos ser golpeados ou destruídos. É como brincar com fogo.

Assim, seguem as experiências de Padmasambhava ao se relacionar com a mente samsárica. Ele é expulso do palácio e segue fazendo descobertas ainda maiores. Nesse ponto, a descoberta que ele faz é a descoberta da eternidade. Por eternidade, nesse contexto, entenda-se a experiência do despertar que está constantemente acontecendo sem nenhuma flutuação – e, ademais, sem nenhuma decisão a ser feita. Nesse momento, em comparação com o segundo aspecto, a experiência "sem decisões" de Padmasambhava ao lidar com os seres sencientes fica mais proeminente.

O segundo aspecto de Padmasambhava é chamado de *Vajradhara*. Vajradhara é um princípio ou estado da mente dotado de destemor. O medo da morte, o medo da dor e da pobreza – todos esses medos – foram transcendidos. Tendo transcendido esses estágios, a eternidade da vida segue para além deles. Essa eternidade não depende particularmente das situações da vida, tornando-as mais saudáveis ou atingindo-se ou não maior longevidade. Ela não depende de algo nesse sentido.

Estamos discutindo uma percepção de eternidade que se aplica potencialmente às nossas próprias vidas. Essa atitude de eternidade é bem diferente da ideia espiritual convencional de eternidade. A ideia convencional é que, se atingirmos certo nível de avanço espiritual, estaremos livres de nascimento e morte. Existiremos para sempre, e seremos capazes de assistir aos jogos do mundo e de manifestar poder sobre todas as coisas. É a noção de um super-homem que não pode ser destruído, um salvador bondoso que ajuda a todos com a sua fantasia de super-herói. Essa generalização da eternidade e da espiritualidade é um tanto distorcida, muito parecida com um desenho animado: o super-homem espiritual demonstra poder sobre os outros e, assim, atinge a longevidade, que seria uma continuidade de seu poder sobre os outros. É claro que, enquanto isso, ele também os ajuda.

Como Vajradhara, a experiência de eternidade de Padmasambhava – ou a sua existência como eternidade – é bem diferente. Há um senso de continuidade, uma vez que ele transcendeu o medo de nascimento, morte, doença e todo tipo de sofrimento. Há uma experiência vívida incessante, uma experiência elétrica de que não é ele quem está realmente vivendo e existindo, mas o mundo que vive e existe, e de que, portanto, ele é o mundo e o mundo é ele. O poder sobre o mundo está presente porque não há poder a se manter sobre o mundo. Nesse âmbito, ele não anseia por deter a posição de uma pessoa poderosa.

Vajradhara é um nome sânscrito. *Vajra* significa "indestrutível", *dhara* significa "detentor". Assim, é como "detentor da indestrutibilidade" ou "detentor da estabilidade" que Padmasambhava atinge o estado de eternidade. Ele o atinge porque nasceu como uma criança completamente pura e inocente – tão pura e inocente que não hesitou em explorar o mundo de nascimento e morte, paixão e agressão. Aquela foi uma preparação para a existência, mas a sua exploração continuou além daquele nível. Nascimento, morte e outros tipos de ameaças seriam encarados pela mente samsárica ou confusa como partes sólidas de um mundo sólido. Mas, em vez de ver o mundo como uma situação ameaçadora, ele fez do mundo o seu lar. E, assim, atingiu o estado primordial da eternidade, que é bem diferente de um estado de perpetuação do ego. O ego requer manutenção constante, demanda reafirmações de si próprio cada vez maiores e mais frequentes. No caso em questão, ao transcender o materialismo espiritual, Padmasambhava atingiu um estado incessante e estável, embasado apenas na inspiração em prol de seus colegas confusos, os seres sencientes.

O jovem príncipe, recentemente expulso do palácio, vaga então pelo cemitério a céu aberto. Há esqueletos com cabelos arrepiados. Lobos e abutres rondam e fazem algazarra. O cheiro de corpos putrefatos recende por toda parte. O jovem e refinado príncipe, por mais estranho que isso possa parecer, parecia se adaptar muito bem a esse cenário. Ele era destemido e fez do destemor o seu lar enquanto vagava pela floresta desolada do cemitério a céu aberto de Silwa Tsal, próximo a Bodhgaya. Deparou-se com árvores de formatos inacreditáveis, assombrosas formações rochosas e as ruínas de um templo. A sensação toda era de morte e decadência. Ele havia sido abandonado, havia sido chutado de seu reino e, ainda assim, vagava e brincava como se nada tivesse acontecido. De fato, considerava esse lugar como apenas outro palácio, apesar de todas as visões aterradoras. Reconhecendo a impermanência da vida, descobriu a eternidade da vida, o constante processo de mudança, de morte e nascimento, que ocorre o tempo todo.

Uma grande escassez de comida assolou a região próxima ao cemitério. A todo momento, pessoas morriam de fome. Às vezes, corpos ainda nem bem mortos eram trazidos ao cemitério, já que as pessoas haviam cansado da incessante brincadeira de morte e doença. Havia moscas, vermes, minhocas e cobras por todo lado. Padmasambhava, esse jovem príncipe recém-expulso de um palácio incrustado de joias, fez desse lugar o seu lar. Sem diferenciar de maneira alguma o cemitério e o palácio, fez do lugar uma fonte de deleite.

Nosso mundo civilizado é tão organizado que não conhecemos lugares como cemitérios a céu aberto. Os corpos são preservados em caixas e enterrados de forma relativamente respeitosa. Ainda assim, existem os cemitérios a céu aberto em um sentido mais amplo: o nascimento, a morte e o caos que ocorrem o tempo todo ao nosso redor. Encontramos essas situações de cemitério o tempo todo em nossas vidas. Estamos cercados de zumbis, há esqueletos por todo lado. Ainda assim, ao nos identificarmos com Padmasambhava, podemos nos relacionar destemidamente com essas coisas. Podemos nos inspirar com todo esse caos – ficar tão inspirados que o caos se torna algum tipo novo de ordem. Podemos transformar isso em um caos ordenado, em contraposição a um mero "caos confuso", já que isso nos possibilitará nos relacionarmos com o mundo como ele é.

Padmasambhava vagou até encontrar uma caverna e então meditou no princípio da eternidade da natureza de buda: a natureza de buda existe eternamente, sem ser ameaçada por coisa alguma. A realização desse princípio é um dos cinco estágios de um vidyadhara. É o primeiro estágio, chamado de "vidyadhara da eternidade".

Vidyadhara significa "aquele que detém o conhecimento científico" ou "aquele que atingiu a louca sabedoria plena". Assim, o primeiro estágio da louca sabedoria é a sabedoria da eternidade. Nada mais nos ameaça, tudo é um ornamento. Quanto maior o caos, maior a probabilidade de tudo se tornar um ornamento. Esse é o estado de Vajradhara.

Podemos nos perguntar como um jovem e inocente príncipe estava treinado em um grau tal a ponto de ser capaz de lidar com essas situações de cemitério a céu aberto. Perguntamo-nos isso porque geralmente supomos que, para lidar com algo, precisamos ser treinados: temos que ter obtido algo de algum sistema educacional. Precisamos ler livros sobre como viver em um cemitério a céu aberto e receber instrução sobre o que se pode ou não comer por lá. Para Padmasambhava, nenhum treinamento foi necessário – ele era iluminado de nascença. Ele veio do darmakaya para o sambogakaya e um lampejo repentino de iluminação não requer treinamento. Não precisa de um sistema educacional. É uma natureza inata, não depende de qualquer tipo de treinamento.

Na verdade, todo o conceito de necessidade de um treinamento para as coisas é fraco demais, nos faz sentir que não possuímos o potencial em nós mesmos e que, portanto, temos que nos tornar melhores do que somos, competir com heróis ou mestres. Assim, tentamos imitar esses heróis e mestres, crendo que finalmente, através de algum interruptor psicofísico, seremos realmente capazes de nos tornar eles. Apesar de não sermos realmente, acreditamos que poderemos nos transformar neles apenas os imitando – pelo fingimento ou pelo constante autoengano de que somos o que não somos. Mas, quando o lampejo repentino de iluminação acontece, uma hipocrisia desse tipo não existe. Não temos que fingir ser algo. Somos algo. De todo modo, temos algumas tendências presentes, é só uma questão de colocá-las em prática.

Ainda assim, do nosso ponto de vista, a descoberta de Padmasambhava pode parecer um tanto deprimente e ligeiramente assustadora, e o visualizamos meditando em uma caverna, cercado de cadáveres e animais perigosos. Mas, de alguma forma, vamos nos relacionar com essas coisas em nossa vida cotidiana. Não podemos ludibriar a experiência da vida como ela se apresenta, não podemos enganar as nossas próprias experiências ou as alterar, mantendo algum tipo de crença nada realista de que as coisas ficarão bem, de que no fim tudo será belo. Se assumirmos esse enfoque, as coisas não ficarão bem. Pela mesma razão que esperamos que as coisas sejam boas e belas, elas não serão.

Quando temos essas expectativas, estamos percebendo as coisas de um ponto de vista totalmente equivocado. A beleza compete com a feiura, o prazer compete com a dor. Nesse reino da comparação, nada será conquistado.

Podemos dizer: "Eu tenho praticado. Tenho buscado a iluminação, o nirvana, mas tenho sido constantemente empurrado de volta. A princípio, eu tirava algum barato dessas práticas. Achava que estava indo para algum lugar. Sentia-me muito bem e belo, e pensava que ficaria ainda melhor, que iria além disso. Mas nada aconteceu. A prática se tornou monótona e eu comecei a buscar outra solução, alguma outra coisa. Ao mesmo tempo, pensei: 'Estou começando a ser infiel às práticas que recebi. Não deveria estar buscando outras práticas. Não deveria buscar em outro canto, eu deveria ter fé, deveria ficar com essas práticas. Bem, vamos fazer isso.' Então, eu persisto nelas. E ainda assim não é nada confortável, é monótono. Aliás, é irritante, muito doloroso".

Continuamos assim, indefinidamente. Repetimos os nossos padrões. Construímos algo e começamos a acreditar naquilo. Dizemos a nós mesmos: "Devo ter fé. Se eu tiver fé, se eu acreditar, serei salvo". Tentamos de alguma forma pré-fabricar a fé e, assim, obter dela algum estímulo. Esses são problemas que sempre surgem nessa postura diante da espiritualidade.

Na postura de Padmasambhava diante da espiritualidade, não estamos buscando estímulo, inspiração ou êxtase. Pelo contrário, estamos mergulhando nas irritações e as transformando em nosso lar. Se formos capazes de fazer delas um lar, então elas se tornarão uma fonte de grande alegria, alegria transcendental, *mahasukha* – porque não há nenhum sofrimento nisso. Esse tipo de alegria não se refere mais ao sofrimento nem se opõe a ele. Assim, tudo se torna preciso, definido e compreensível, e somos capazes de nos relacionar com tudo.

A profunda adaptação de Padmasambhava ao mundo com a atitude da eternidade, o primeiro dos cinco estágios de um vidyadhara, assume grande relevância no estudo dos outros aspectos de Padmasambhava. Sempre retornaremos a esse assunto.

ALUNO: Por que o fato de Padmasambhava fazer do cemitério a céu aberto um lar não é considerado mero masoquismo?

TRUNGPA RINPOCHE: Para começar, não há nenhum sentido de agressão de qualquer tipo. Ele não está lá para ganhar de ninguém. Ele está apenas ali, meramente relacionando-se com as coisas como elas são. No masoquismo, precisamos de um algoz, precisamos de alguém frente a quem possamos expressar a nossa dor: "Se eu cometer suicídio, meus pais saberão o quanto eu os odeio". Não há nada desse tipo aqui. É um mundo inexistente, mas ele ainda está ali, existindo nele.

Aluno: Não compreendo essa qualidade sobre-humana de nascer de uma flor de lótus – semelhante a Cristo tendo por mãe uma virgem. Não seria isso apresentar Padmasambhava como um ideal externo com o qual precisamos nos relacionar como algo do "além"?
Trungpa Rinpoche: De certa forma, nascer de uma mãe e de um lótus são a mesma coisa. Não há nada de sobre-humano nisso: é uma expressão de milagres que acontecem. Frequentemente, as pessoas que assistem a um nascimento pela primeira vez também veem aquilo como um milagre. De alguma forma, nascer de um lótus é um milagre, mas não há nisso nada de particularmente divino ou puro. Nascer de um lótus é uma expressão de abertura. Não é necessário passar pelo processo de ficar em um útero por nove meses. É uma situação livre e aberta – o lótus abre e a criança está ali. É uma coisa muito direta. Quanto ao lótus, não precisamos discutir coisas como a validade da afirmação de que a mãe de Cristo era virgem. Podia ser que existisse um único lótus ali naquela ocasião. Então ele morreu. Podemos dizer que foi um nascimento livre.

Aluno: O nascimento de um lótus também significa a negação do histórico do carma.
Trungpa Rinpoche: Sim, correto. Não há nenhum tipo de histórico cármico envolvido. Simplesmente, em algum lugar do Afeganistão, um lótus por acaso deu à luz uma criança.

Aluno: Você poderia dizer algo sobre o relacionamento entre o aspecto

Vajradhara de Padmasambhava e o buda darmakaya da linhagem Kagyu, também chamado de Vajradhara?

TRUNGPA RINPOCHE: Como você disse, para a linhagem Kagyu, Vajradhara é o nome do buda primordial do nível darmakaya, que está incessantemente existindo. O aspecto Vajradhara de Padmasambhava está no nível sambogakaya de relacionar-se com as experiências da vida; em um nível secundário, seria um darmakaya ligado à onipresença dos seres sencientes e a sua disposição para serem trabalhados. Mas é primordialmente um princípio sambogakaya. Nesse sentido, os cinco aspectos do sambogakaya, os cinco Budas Sambogakaya, são os oito aspectos de Padmasambhava.

ALUNO: Você falou sobre permanecer com a irritação; saboreá-la de fato. A ideia do sofrimento está associada à desistência e ao afastamento, então você vai na direção da dor, para dentro dela e, assim, ela desaparece? É possível que a iluminação surja através disso?

TRUNGPA RINPOCHE: Na verdade, esse é um ponto bem delicado. Há o problema de que uma espécie de atitude sádica poderia surgir, algo que encontramos também em muitas das atitudes militantes nas práticas Zen. Temos também uma atitude baseada na inspiração, na qual nos fixamos aos ensinamentos e ignoramos a dor. Essas atitudes levam a uma confusão cega. Descobrimos os nossos corpos sendo maltratados, sem receber os cuidados necessários.

Neste caso, relacionar-se com a dor não corresponde necessariamente à atitude sádica desse tipo de práticas militantes nem é baseado na ideia de ignorar a coisa toda e ficar fora de si em algum tipo de viagem mental. É trabalhar entre esses dois extremos. Para começar, a dor é considerada algo bem real, algo que realmente acontece. Não é considerada um assunto filosófico ou dogmático. É simplesmente a dor ou o desconforto psicológico. Não desviamos da dor porque, se assim fizermos, perderemos os recursos com os quais trabalhar. Mas também não entramos na dor ou infligimos dor em nós mesmos. Caso isso ocorresse, estaríamos envolvidos em algum processo suicida. Portanto, é alguma coisa entre essas duas atitudes.

ALUNO: Como "transformar as irritações em nosso lar" se relaciona com o princípio da mandala?
TRUNGPA RINPOCHE: Seria a própria mandala, ela mesma. Relacionar-se com as irritações implica todos os tipos de irritações e as infinitas possibilidades em meio a elas estarem presentes. Isso é a mandala. Estamos exatamente ali. A mandala é uma experiência de existência total com você mesmo no centro. Assim, estamos no centro das irritações. É algo muito poderoso.

ALUNO: Ao definir vidhyadhara, você falou em "conhecimento científico". O que o conhecimento científico tem a ver com a vida de Padmasambhava?
TRUNGPA RINPOCHE: Estou usando "conhecimento científico" no sentido do mais preciso conhecimento de como reagir às diversas situações. A essência da louca sabedoria é que não há mais estratégias, programas ou ideais de qualquer tipo. Estamos apenas abertos. Não importa o que os alunos apresentem, surgirá uma reação adequada. Isso é incessantemente científico, no sentido de estar continuamente de acordo com a natureza dos elementos.

5

Deixe que os fenômenos se desenrolem[2]

Podemos não ter o tempo necessário para examinar os demais oito aspectos de Padmasambhava no mesmo ritmo dos dois primeiros. Mesmo assim, a nossa conversa até este ponto nos forneceu uma boa base para a compreensão geral do processo de vida de Padmasambhava, de sua expansão pessoal. Gostaria de ser capaz de passar uma ideia de Padmasambhava que reunisse todos os seus aspectos em conjunto. Isso é muito difícil, pois as palavras são limitadas. As palavras não abrangem completamente esse discernimento. Farei o melhor possível.

Não estamos falando de Padmasambhava de um ponto de vista externo, histórico ou mítico. Estamos tentando chegar à medula de seus ossos, por assim dizer – seu aspecto instantâneo ou embrionário e como ele se relaciona com a vida a partir disso. Essa é uma forma sagrada ou tântrica de ver a vida de Padmasambhava, em contraposição a relatos e interpretações que o veem apenas como um personagem histórico ou mítico – alguém como rei Arthur ou algo parecido.

Em seu nível mais interno, a história é baseada no relacionamento dos eventos da vida de Padmasambhava com os ensinamentos. Foi com esse ponto de vista que tentei trabalhar as histórias de Padmasambhava enquanto um jovem príncipe e como um jovem *siddha*, ou iogue realizado, no cemitério a céu aberto. Esses dois aspectos foram extraordinariamente importantes para o resto da vida de Padmasambhava.

A próxima fase de Padmasambhava surge da necessidade de ele

---

2 N. do T.: *Let phenomena play*, que também tem o sentido de dar espaço para que eles joguem, brinquem, manifestem-se, exerçam os seus papéis.

ser aceito na vida monástica. Ele precisava receber ordenação como um *bhikshu*, ou monge. Relacionar-se com o sistema monástico era importante, porque criava uma situação disciplinadora. Padmasambhava foi ordenado por Ananda, discípulo e assistente do Buda. Enquanto monge, Padmasambhava recebeu o nome *Shakya Simha*, ou *Shakya Senge* em tibetano, que significa "Leão da Tribo dos Shakyas". Esse foi um dos nomes do próprio Buda (o Buda também era algumas vezes conhecido como "Sábio dos Shakyas") e, com esse nome, Padmasambhava identificou-se com a tradição do Buda. Isso foi muito importante, pois um intenso sentimento de relacionamento com a linhagem é imprescindível. Dessa forma Padmasambhava associou-se à linhagem e percebeu o quão importante ela é.

A linhagem do Buda é uma linhagem de sanidade básica constante, um enfoque saudável quanto à vida. Tornar-se monge significa viver a vida de forma sadia – sadia e santa –, uma vez que há um envolvimento completo com as coisas como elas são. Ao se tornar monge, não se perde coisa alguma. Você se relaciona com a vida considerando cada momento que se apresenta como verdadeiramente permitindo uma qualidade vivaz, com um senso de totalidade, de não ser arrastado pela paixão, pela agressão, por absolutamente nada. Você apenas está lidando com as coisas como a vida monástica permite, como elas são.

Enquanto Padmasambhava desenvolvia o seu papel monástico, ele novamente começava a manifestar o estilo de um jovem príncipe, só que agora como um jovem príncipe que se torna um monge. Ele havia decidido se tornar o salvador do mundo, o pregador da mensagem do darma.

Certo dia, ele visitou um mosteiro feminino. Nesse mosteiro, vivia uma princesa chamada Mandarava, que havia sido recentemente ordenada monja, abandonando completamente os prazeres mundanos. Ela vivia reclusa, protegida por quinhentas mulheres que tinham a tarefa de assegurar que ela mantivesse a disciplina monástica. Quando Padmasambhava chegou ao mosteiro, todas ficaram muito impressionadas com ele, é claro. Ele tinha a inocência de um ser nascido de um lótus, e uma aparência física pura e ideal. Era muito belo. E, assim, converteu as mulheres no mosteiro: todas se tornaram suas alunas.

O rei, o pai de Mandarava, logo começou a ouvir boatos. Um pastor relatou ouvir uma voz masculina incomum vinda do mosteiro, fazendo pregação e gritando. O rei imaginava que Mandarava era uma monja totalmente perfeita, sem qualquer tipo de relação com homem algum. Portanto, ficou bastante irritado com as notícias do pastor e ordenou que alguns ministros fossem descobrir o que estava acontecendo no mosteiro. Os ministros não conseguiram entrar nas terras do mosteiro, mas desconfiaram de algo esquisito acontecendo ali. Relataram isso ao rei, que decidiu que o exército deveria destruir o portão do mosteiro, invadi-lo e capturar o embusteiro que posava de mestre. E assim fizeram. Capturaram Padmasambhava, colocaram-no em uma pira de sândalo e atearam fogo (naquele tempo, esse era o estilo de execução daquele reino em particular). A princesa foi atirada em uma vala cheia de pulgas e piolhos. Era essa a ideia que o rei fazia da religião.

O fogo no qual Padmasambhava havia sido colocado queimou por um longo tempo, sete dias, sem apagar. Quando eles executavam alguém, o comum era que o fogo durasse um ou dois dias. Nesse caso, porém, o fogo continuou queimando. Muito estranho. O rei começou a pensar que talvez houvesse mesmo algo de especial naquele vagabundo se passando por guru. Enviou os seus homens para investigar, e eles descobriram que o fogo havia desaparecido e se transformado em um grande lago. No meio do lago estava Padmasambhava, novamente sentado sobre um lótus. Quando o rei ouviu isso, decidiu descobrir mais sobre essa pessoa. Decidiu não confiar o assunto a um intermediário e foi ele mesmo ver esse tal de Padmasambhava. Quando chegou ao local, foi subjugado pela presença daquele ser sentado sobre um lótus em meio a um lago, onde antes havia apenas um cemitério a céu aberto e um local para queimar os criminosos. O rei confessou seus erros e tolices a Padmasambhava e o convidou ao palácio. Padmasambhava recusou o convite: não entraria no palácio de um pecador – o palácio de um rei perverso, que havia condenado alguém cuja essência era simultaneamente de rei e de guru, e que, assim, havia ignorado a verdadeira essência da espiritualidade. O rei repetiu o seu pedido e Padmasambhava finalmente aceitou o convite. O próprio rei puxou a carruagem na qual Padmasambhava veio sentado. Padmasambhava se tornou o *rajguru*, o guru do rei, e Mandarava foi resgatada da vala onde estava.

Durante essa fase de sua vida, a relação de Padmasambhava com a realidade era precisa, mas dentro desse reino de precisão ele estava disposto a abrir espaço para que as pessoas cometessem erros no caminho espiritual. Ele estava até mesmo disposto a chegar ao ponto de deixar o rei queimá-lo vivo e colocar a sua aluna, a princesa, em uma vala. Ele sentia que devia deixar que essas coisas acontecessem. Esse é um ponto importante e que já evidencia o padrão de seu ensinamento.

Havia espaço para que a percepção do rei quanto às próprias neuroses – seu modo de pensar e agir como um todo – surgisse por si mesma. Foi concedida permissão para que o reconhecimento surgisse por si mesmo, em vez de Padmasambhava realizar algum ato de poder mágico (o que ele era perfeitamente capaz de fazer) antes de ser preso. Padmasambhava poderia ter dito: "Sou o maior professor do mundo, jamais conseguirás atingir-me. E agora verá a grandeza de meu poder espiritual." Mas ele não fez isso. Pelo contrário, deixou-se prender.

Essa é uma indicação muito importante da forma como Padmasambhava se relacionava com a mente samsárica ou confusa: permita que a confusão surja e então deixe que a confusão corrija a si mesma. É como a história do mestre Zen que tinha uma aluna. A aluna engravidou e deu à luz. Seus pais foram até o mestre Zen, trouxeram a criança e reclamaram, dizendo "este filho é seu e, portanto, você vai cuidar dele". O mestre Zen respondeu "é mesmo?", pegou a criança e cuidou dela. Alguns anos depois, a mulher não era mais capaz de aguentar a mentira que contara – o pai da criança não era o professor, era outra pessoa. Ela foi até os pais e disse, "meu professor não é o pai da criança, é outro homem". Então os pais, preocupados, acharam melhor ir resgatar a criança. O professor meditava nas montanhas, eles o encontraram e disseram: "Descobrimos que esse não é seu filho. Viemos buscá-lo, vamos tirá-lo de você. Você não é o pai." E o mestre Zen apenas disse "é mesmo?".

Assim, deixe que os fenômenos se desenrolem. Permita que os outros se façam de bobos por si mesmos. Essa é a postura. Não há porque sair dizendo: "Deixe-me trocar uma palavrinha com você. Vou explicar toda a situação, tim-tim por tim-tim." Por si só, falar qualquer coisa seria inadequado – imagine encontrar a coisa certa para falar. Simplesmente não funciona. O mundo fenomênico não pode ser ludibriado com palavras, razões ou com lógica simplória. O mundo fenomênico só pode ser tratado nos termos do que ocorre em seu próprio escopo, nos termos de sua própria lógica. Trata-se de uma versão mais ampla da lógica, que compreende a total ausência de lógica da situação. Assim, uma característica importante do estilo de Padmasambhava é deixar os fenômenos se desenrolarem por si só, em vez de tentar provar ou explicar alguma coisa.

Na próxima situação, que corresponde ao próximo aspecto, Padmasambhava se deparou com quinhentos hereges, *tirthikas*, em sânscrito.

Nesse caso, os hereges eram teístas, brâmanes. Eles poderiam igualmente ter sido jeovistas ou ter qualquer outro enfoque contrário ao não teísmo do Darma do Buda. Houve um debate baseado em lógica. Uma vasta multidão cercava dois pânditas (eruditos), estes que estavam frente a frente. O pândita teísta e o pândita não teísta debatiam a natureza da espiritualidade. Os dois estavam "viajando" na espiritualidade. (Não interessa se você é teísta ou não teísta – em qualquer dos dois modos é possível "viajar" na espiritualidade.) Ambos estavam tentando estabelecer o próprio território, e provar que tinham bases para o caminho espiritual ter o "seu" formato. Nesse caso, os teístas ganharam e os budistas, que ficaram totalmente perplexos diante da inteligência lógica, perderam. Padmasambhava foi então convidado a fazer uma cerimônia de destruição, para destruir os teístas e todo o seu ambiente. Ele realizou a cerimônia e causou um grande terremoto, que matou os quinhentos pânditas e destruiu todo o seu *ashram*.

Nesse aspecto, Padmasambhava é conhecido como *Senge Dradrok*, o "Rugido do Leão". O rugido do leão destrói a psicologia dualista a partir da qual valor e validade são atribuídos às coisas *porque há outra coisa acontecendo* – Brahma, Deus ou como se quiser chamar. O enfoque dualista diz que, porque aquilo aconteceu, isto também é uma coisa sólida e real. Para nos tornarmos "Ele", "Ela" ou o que quer que seja, precisamos estar abertos para essa coisa maior, para essa coisa objetiva. Esse enfoque é sempre problemático. E a única forma de destruir essa armação dualista é atiçar o aspecto de louca sabedoria de Padmasambhava para que ele a destrua.

Do ponto de vista da louca sabedoria, "aquilo" não existe e a razão pela qual "aquilo" não existe é que "isto" ou "eu" também não existem. Em certo sentido, podemos dizer que, nesse ponto, a destruição é mútua.

Mas, ao mesmo tempo, é favorável ao ponto de vista não teísta. Se Jeová ou Brahma existem, então o observador tem de existir de forma a reconhecer aquela existência. Mas o enfoque da louca sabedoria é que aquele que reconhece não existe, não está mais ali ou, pelo menos, é algo questionável. E, se "isto" não existe, "aquilo" está completamente fora de questão. É apenas um fantasma, é imaginário. E o mesmo vale para a imaginação: para ela existir, é preciso um *imaginador*. Assim, a destruição da noção centralizada de um "eu" vem junto com a não existência de "aquilo".

Essa era a atitude de Padmasambhava como Senge Dradrok, o "Rugido do Leão". O rugido do leão é ouvido porque o leão não teme "aquilo". O leão está disposto a penetrar, a subjugar o que quer que surja, porque "isto" já não existe mais para ser destruído. Nesse sentido, o rugido do leão pode estar ligado ao desenvolvimento do *orgulho vajra*.

O próximo aspecto é Dorje Trolö, que surgiu quando Padmasambhava estava no Tibete. Os tibetanos não estavam envolvidos em adoração exótica, isto é, externa. Eles não tinham o reino dos deuses hindus. Nem sequer conheciam a palavra Brahma. O que tinham era *yeshen*, que é a palavra equivalente a "absoluto" na tradição Bön.[3] *Ye* significa "primordial", *shen* significa "ancestralidade" ou "grande amigo". Ao chegar no Tibete, o Darma do Buda se depara com um ponto de vista inteiramente novo, uma nova abordagem. Até aquele momento, Padmasambhava havia lidado com hindus, brâmanes. O que ele encontrou no Tibete era completamente diferente. A palavra tibetana clássica para yeshen tinha o sentido de algo como "ancestral" ou "antigo", ou mesmo "celestial". É similar à palavra japonesa *shin*, que significa "céu", ou à palavra chinesa *ta*, que significa "o que está acima". Todos os três termos se relacionam com algo maior, algo acima. Há um processo de elevação envolvido, que

---

3 N. do E.: Bön é uma religião tibetana indígena pré-budista.

poderia estar associado a dragões, trovões, nuvens, o sol e a lua, estrelas e assim por diante. Eles lidavam com essa coisa acima, com esse padrão cósmico elevado e grandioso.

Isso era extremamente difícil para Padmasambhava. Era impossível lidar com isso pela mera lógica, porque a sabedoria da tradição Bön era muito profunda, extremamente profunda. Se Padmasambhava precisasse desafiar os bönistas com lógica, a única postura que poderia assumir seria dizer que céu e terra são uma unidade, que o céu por si só não existe, porque a terra e o céu são interdependentes. Mas essa lógica é muito fraca: todos sabemos que há terra e há céu, e que há montanhas e estrelas, e sóis e luas. Não se conseguiria desafiar essas pessoas dizendo que não há terra nem montanhas, que não há sol, lua, céu ou estrelas.

A base da filosofia Bön é muito poderosa. É muito semelhante ao enfoque de sanidade cósmica dos índios americanos e dos xintoístas ou taoístas. A coisa inteira é extraordinariamente lúcida. Mas há um problema. É também um enfoque muito antropocêntrico. O mundo foi criado para os seres humanos – os animais são o alimento dos seres humanos e as suas peles são as roupas dos seres humanos. Falta sanidade a essa abordagem antropocêntrica – ela não é capaz de respeitar a continuidade básica da consciência. Consequentemente, a religião Bön prescreve sacrifício animal para o yeshen, o grande deus. Aqui, novamente encontramos semelhança com o ponto de vista dos índios ou dos xintoístas, do homem como centro do universo. De acordo com essa visão, a grama e as árvores, os animais selvagens, o sol e a lua existem apenas para divertir os seres humanos. O sistema como um todo está baseado na existência humana. Esse é o grande problema.

O budismo não é um projeto religioso nacionalista. As religiões nacionalistas tendem a ser teístas. Lembremos que o cristianismo herdou a sua abordagem teísta do judaísmo; o judaísmo, o xintoísmo, o hinduísmo e muitas outras religiões semelhantes são religiões nacionais que também são teístas. Elas têm o seu sentido particular para o relacionamento entre "isto" e "aquilo", céu e terra. A abordagem não teísta é extremamente difícil de ser apresentada em um país primitivo que já possuía uma religião teísta. Em um país como esse, a forma pela qual as pessoas se relacionam com a sua sobrevivência básica já inclui uma visão da terra quanto à grandiosidade dos céus. O seu sentido de adoração já se desenvolveu.

De uns séculos para cá, jesuítas e outros missionários católicos chegaram a desenvolver um método no qual dizem aos povos primitivos: "Sim, os seus deuses existem, é verdade, mas o meu deus é muito mais sábio do que o seu deus, porque é onipresente e assim por diante – ambidestro e tudo mais". Mas o budismo se depara com um problema totalmente diferente. Não há questão alguma de "meu deus" e "seu deus". Você tem um deus, mas eu não tenho deus algum, então ficamos meio suspensos nesse contexto. Não temos nada para colocar no lugar. Onde está a grandeza e o poder de convencimento da minha abordagem? Não tenho nada para colocar no lugar. A única coisa que pode haver para substituir isso é a louca sabedoria – a *mente*, ela é poderosa. Todos temos mente, mesmo os animais. Todos têm mente. Assim, não interessa "Ele" ou "Eles", ou "Eles" e "Ele", nada disso.

O estado mental de alguém é muito poderoso. Podemos imaginar que destruímos algo e, então, destruí-lo. Podemos imaginar que criamos algo e, então, criá-lo. O que quer que você busque no reino da mente, isso vem a acontecer. Imagine um inimigo. Queremos destruir o inimigo e desenvolvemos todo tipo de táticas para fazer isso. Temos mil ideias sobre como causar a destruição do inimigo. Imagine um amigo. Temos infinitas ideias sobre como nos relacionar com ele, como fazê-lo se sentir bem, melhorar ou ficar mais rico.

É por isso que construímos casas e estradas, construímos camas e fabricamos cobertores. É por isso que compramos comida e pensamos em todos os tipos de pratos. Fazemos isso para provar para nós mesmos que existimos. Esse é um tipo de postura humanista. O homem existe, a sua inteligência existe. Isso é totalmente não teísta.

A atitude, a magia de Padmasambhava se davam nesse nível não teísta. Raios acontecem porque acontecem – sem mais *porquês*, ou *quem*, ou *o quê* envolvidos. Flores desabrocham porque isso é assim. Não podemos contestar as flores. Não podemos contestar o fato de a neve não cair. É assim. Acontece. Veio de lá, do céu, mas e daí?! O que você quer inventar em cima disso?

Tudo acontece neste plano, neste plano bem terreno. Tudo acontece em um nível muito direto e terreno. E, assim, a louca sabedoria de Dorje Trolö começa a se desenvolver. É extraordinariamente poderosa. É poderosa no nível da pia da cozinha – por isso é tão irritante. Na verdade, é por isso que é tão poderosa. Assombra-nos por todos os lados – está realmente ali.

Dorje Trölo surge no Tibete cavalgando uma tigresa prenhe. A tigresa é elétrica. Ela é eletricidade prenhe. É um tanto domesticada, mas, ao mesmo tempo, possui o potencial de tornar-se totalmente selvagem. Dorje Trölo não conhece lógica. Para Dorje Trölo, a única lógica convencional que existe é o relacionamento com a terra e com o céu. O céu se dispõe em seu formato particular, ele surge no horizonte. Há a vastidão do espaço, o céu. E há a vastidão da terra. Eles são vastos, mas tudo bem – e daí? Você está querendo levar muito a sério essa vastidão? Com quem está tentando competir? Há essa vastidão, mas porque também não considerar as coisas pequenas que seguem acontecendo? Não são ainda mais ameaçadoras? Um grão de areia é mais ameaçador do que a vastidão do espaço ou do que o deserto. Sendo muito concentrado, é explosivo. Há nisso uma grandiosa piada cósmica, uma piada cósmica gigantesca, muito poderosa.

Na medida em que a louca sabedoria de Dorje Trölo se expandia, ele desenvolveu um método para se comunicar com as gerações futuras. Sobre muitos de seus escritos, pensou: "Essas palavras podem não ser importantes neste momento, mas vou escrevê-las e depois enterrar nas montanhas do Tibete". E assim ele fez. Pensou: "Alguém mais adiante vai descobri-las e as considerará extraordinariamente sofisticadas. Que se divirtam com elas!". Esse enfoque era peculiar. Os gurus de hoje pensam apenas em termos dos efeitos que exercem hoje. Nem sequer consideram tentar exercer um efeito poderoso no futuro. Mas Dorje Trölo pensou: "Se eu deixar um exemplo de meu ensinamento escondido, mesmo que as pessoas das gerações futuras não vivenciem meu exemplo direto, meramente ouvir as minhas palavras talvez cause a explosão de uma bomba atômica espiritual no futuro". Uma ideia assim nunca havia sido ouvida. É uma coisa muito poderosa.

A força espiritual de Padmasambhava, expressa em sua manifestação como Dorje Trölo, é uma mensagem direta que não vem mais de pergunta alguma. Apenas acontece. Não há espaço para interpretações. Não há espaço para transformar aquilo em um ninho. É apenas um fluxo de energia espiritual, dinamite verdadeira. Se a distorcemos, somos imediatamente destruídos. Se somos realmente capazes de vê-la, estamos bem ali com ela. É implacável. Ao mesmo tempo, é compassiva, graças à presença de toda essa energia. O orgulho do estado de louca sabedoria é tremendo. Mas também há nele uma qualidade amorosa.

Você pode imaginar o que é ser atingido por amor e ódio ao mesmo tempo? Na louca sabedoria, somos atingidos por compaixão e sabedoria ao mesmo tempo, sem chance de análise. Não há tempo para trabalhar as coisas. Está ali – mas, ao mesmo tempo, não está ali. E, simultaneamente, é também uma grande piada.

Aluno: A louca sabedoria requer que você aumente o seu nível de energia?
Trungpa Rinpoche: Acho que não. A energia surge com a própria situação. Em outras palavras, a autoestrada é a energia, não o fato de se dirigir rápido. A autoestrada sugere que se dirija rápido. A energia autoexistente está ali.

Aluno: Você não está preocupado com o carro?
Trungpa Rinpoche: Não.

Aluno: Esse ensinamento da louca sabedoria se desenvolveu em outras linhagens além da linhagem Nyingma?
Trungpa Rinpoche: Acho que não. Há também a linhagem Mahamudra, que é baseada em um senso de precisão e nitidez. Mas a linhagem de louca sabedoria que recebi de meu guru parece muito mais potente. É algo ilógico – algumas pessoas podem achar a sensação de não saber como se relacionar com ela muito ameaçadora. Parece estar ligada à tradição Nyingma e à linhagem Maha Ati exclusivamente.

Aluno: Qual era o nome do aspecto de Padmasambhava antes de Dorje Trölo?
Trungpa Rinpoche: *Nyima Öser*, "Empunhando o Sol".

Aluno: Era esse quando ele estava com Mandarava?
Trungpa Rinpoche: Não. Naquele momento, ele era conhecido como *Loden Choksi*. Na iconografia ele usa um turbante branco.

Aluno: Há qualquer tipo de controle ou preceito ligados à louca sabedoria?
Trungpa Rinpoche: Além de ela ser ela mesma, não parece haver nada. Apenas ser ela mesma.

Aluno: Não há preceitos?
Trungpa Rinpoche: Não há manual para se tornar uma pessoa de louca sabedoria. Não faz mal ler alguns livros. No entanto, a não ser que sejamos capazes de ter uma experiência de louca sabedoria pelo contato direto com a linhagem da louca sabedoria – com alguém que seja louco e sábio ao mesmo tempo –, não se conseguirá muita coisa apenas com livros. Muito depende da mensagem da linhagem, do fato de que alguém já herdou algo. Sem isso, a coisa toda se torna apenas mítica. Mas, se reconhecemos que alguém possui algum elemento de louca sabedoria, isso nos fornece alguma confirmação, o que nesse momento pode ser valioso.

Aluno: Poderia mencionar alguma das bombas espirituais com tempo certo para explodir, fora a própria linhagem em si, que tenha sido deixada por Padmasambhava como um legado e como um ensinamento relevantes para os dias de hoje?
Trungpa Rinpoche: Podemos dizer que este seminário é uma delas. Se não estivéssemos interessados em Padmasambhava, não estaríamos aqui. Ele deixou o seu legado, a sua personalidade para a posteridade e é por isso que estamos aqui.

Aluno: Você mencionou algumas das dificuldades que Padmasambhava encontrou ao apresentar o darma aos tibetanos, principalmente o fato de que a visão tibetana era teísta, enquanto o budismo é não teísta. Quais são as dificuldades de se apresentar o darma aos norte-americanos?

Trungpa Rinpoche: Acho que é a mesma coisa. Os americanos cultuam o Sol, e os deuses das águas e das montanhas – ainda o fazem. Esse é um enfoque muito primordial e alguns americanos estão descobrindo a sua herança. Temos pessoas entrando nessa vibração dos índios americanos, que é bela, mas o conhecimento que temos sobre ela não é preciso. Os americanos se consideram sofisticados e científicos, especialistas educados em todas as coisas. Mas ainda estamos no nível da cultura dos macacos. O enfoque de louca sabedoria de Padmasambhava é um aprendizado inédito para nós – poderemos nos tornar macacos transcendentais.

Aluno: Você poderia dizer algo sobre o orgulho vajra?

Trungpa Rinpoche: O orgulho vajra é a sensação de que a sanidade básica existe em nosso estado de ser, de forma que não precisamos tentar trabalhar com ela em termos de lógica. Não temos que provar que algo está ou não acontecendo. A insatisfação básica que nos faz procurar alguma compreensão espiritual é uma expressão do orgulho vajra: não estamos dispostos a nos submeter à nossa própria confusão. Estamos querendo começar a esticar os pescocinhos para fora. Isso parece ser uma primeira expressão do instinto do orgulho vajra – e, a partir disso, podemos continuar!

Aluno: Dois dos aspectos de Padmasambhava parecem ser contraditórios. Padmasambhava permitiu que a confusão do rei se manifestasse e se voltasse contra si mesma. Ainda assim, não permitiu que a confusão dos quinhentos pânditas se manifestasse (se é que podemos chamar o dualismo de confusão). Ele apenas os destruiu com uma avalanche. Poderia comentar a respeito disso?

TRUNGPA RINPOCHE: No fundo, esses pânditas soam simplórios. Eles não tinham ligação alguma com os problemas cotidianos da pia da cozinha. Estavam apenas distraídos por uma projeção de quem eles eram. Assim, de acordo com a história, a única forma de se relacionar com eles era propiciando uma experiência de avalanche – um choque ou uma sacudida repentina. Qualquer outra coisa poderia ser reinterpretada como outra coisa e assim por diante. Se os pânditas estivessem na situação do rei, eles teriam se endurecido ainda mais, teriam ficado muito menos iluminados do que ele ficou. Eles não tinham boa vontade para se relacionar com qualquer coisa, tão endurecidos que estavam em seus dogmas. Além disso, era necessário que percebessem a inexistência de si próprios e de Brahma. Assim, foi fornecida a eles uma experiência de catástrofe que não foi causada por Brahma, mas por eles mesmos. Isso os deixou em uma situação não teísta: só havia eles, não havia possibilidade de reclamar com Deus, ou Brahma, ou qualquer outro.

Shakya Senge

6

Cinismo e devoção

A esta altura, já formamos pelo menos uma primeira noção de Padmasambhava e de seus aspectos. De acordo com a tradição, há três formas de contar a vida de Padmasambhav: a forma externa, ligada aos fatos; a forma interna, psicológica; a forma mais elevada, secreta, que é o enfoque da louca sabedoria. Estivemos concentrados na forma secreta, com alguns elementos das outras duas.

Como encerramento, será interessante discutir como podemos nos relacionar com Padmasambhava. Estamos, neste contexto, considerando Padmasambhava como um princípio cósmico e não como uma personalidade histórica, um santo indiano. Diferentes manifestações desse princípio aparecem constantemente: Padmasambhava é Shakya Senge, o iogue Nyima Öser, o príncipe Pema Gyalpo, o louco iogue Dorje Trolö e assim por diante. O princípio de Padmasambhava contém cada um dos elementos que fazem parte do mundo iluminado.

Entre os meus alunos, desenvolveu-se uma forma particular de se aproximar dos ensinamentos. Para começar, adotamos uma atitude de desconfiança: quanto a nós mesmos, e também quanto aos ensinamentos e ao professor – de fato, quanto à situação toda. Sentimos como se tudo devesse ser digerido com cuidado, como se devêssemos examinar e testar tudo de forma completa para nos assegurarmos de que seja realmente ouro. Ao tomar essa postura, acabamos tendo de desenvolver um senso de honestidade – foi necessário romper com os nossos próprios autoenganos, que tomaram grande proporção. Não é possível estabelecer a espiritualidade sem ir além do materialismo espiritual.

Já havendo preparado o terreno com a ajuda dessa desconfiança, pode ser que seja hora de trocar de marcha, por assim dizer, e tentar a postura oposta. Havendo desenvolvido um cinismo vajra bastante preciso e cultivado a natureza vajra, podemos enfim começar a perceber o que é a espiritualidade. E descobrimos que a espiritualidade é absolutamente ordinária. É completa e ordinariamente comum. Apesar de podermos falar dela como extraordinária, de fato, ela é a coisa mais comum de todas.

Para nos relacionarmos com isso, começamos a mudar o nosso padrão. O próximo passo é desenvolver devoção e fé. Não podemos nos relacionar com o princípio de Padmasambhava a não ser que haja algum tipo de calor. Se cortamos completamente e honestamente o engano, uma situação positiva começa a se desenvolver. Nós ganhamos um entendimento positivo de nós mesmos, bem como do professor e do ensinamento. De forma a trabalhar com a graça, ou *adhishthana*, de Padmasambhava, com esse princípio cósmico de sanidade básica, foi necessário desenvolver uma espécie de romantismo. Isso é tão importante quanto o enfoque cínico que estivemos utilizando até este ponto.

Há dois tipos de abordagens românticas, ou *bhakti*. Uma delas é baseada em uma sensação de pobreza. Sentimos que não possuímos, mas que os outros possuem. Admiramos a riqueza "daquilo": o resultado, o guru, os ensinamentos. Esse é um enfoque de pobreza – reconhecemos essas outras coisas como belas porque não temos o que elas têm. É um enfoque materialista – de materialismo espiritual – e está baseado em não haver sanidade suficiente para começar, de não haver uma sensação de confiança e riqueza suficientes.

A outra abordagem romântica é baseada em uma sensação de que já possuímos, de que já está presente. Não admiramos por ser de outra pessoa, por estar lá longe em outro lugar distante, mas por estar bem perto – em nosso coração. É a sensação de reconhecer o que se é. Temos tanto quanto o professor e estamos nós mesmos no caminho do darma, então não precisamos buscar o darma externamente. Esse é um enfoque são. É fundamentalmente rico, não há nenhuma sensação de pobreza.

Esse tipo de romantismo é importante. É a coisa mais poderosa de todas. Corta o cinismo, que existe apenas para si mesmo, para se autoproteger. Corta o jogo de ego do cinismo e desenvolve um orgulho ainda maior – o orgulho vajra, como é chamado. Há uma sensação de beleza e até mesmo de amor e luz. Sem isso, o relacionamento com o princípio de Padmasambhava é apenas uma questão de ver o quão fundo nos embrenhamos em nossa própria experiência psicológica. Permanece um mito, algo que não temos e que, portanto, parece interessante, mas nunca se torna pessoal. Devoção ou compaixão são as únicas formas de nos relacionarmos com a graça – a adhishthana, ou "bênção" – de Padmasambhava.

É possível que muitas pessoas achem esse estilo cínico e cético que desenvolvemos até agora irritantemente frio. Particularmente, as pessoas que estão tendo o seu primeiro contato com esse ambiente relatam esse tipo de coisa. A pessoa não se sente convidada. Está sendo constantemente vistoriada e olhada de cima. Talvez isso seja uma forma muito honesta de se relacionar com o "outro", que também é você. Mas, em um determinado ponto, algum calor precisa estar presente além de apenas essa frieza. Não precisamos exatamente mudar a temperatura – frieza intensa é calor – mas há uma mudança que precisamos fazer. Está apenas em nossa mente conceitual e lógica. Na verdade, não há mudança alguma, mas precisamos dar um jeito de colocar isso em palavras. Estamos falando sobre algo que é irritantemente caloroso e muito poderoso, muito fascinante.

Assim, a nossa discussão sobre Padmasambhava parece ser um marco na geografia de nossa jornada juntos. Chegou a hora de começar o enfoque romântico, se é que podemos chamá-lo assim: o enfoque romântico sadio, não o enfoque romântico materialista.

Hoje, o nosso seminário aconteceu por puro acaso, apesar de ter envolvido muita organização, apesar da necessidade de colocar muitas coisas em ordem. Ainda assim, funcionou acidentalmente. É um acaso muito precioso sermos capazes de falar de um tema como a vida de Padmasambhava. A oportunidade de falar de um assunto como esse é muito rara, única, bastante preciosa. Mas esta situação rara e preciosa continua constantemente. Nossa vida como parte dos ensinamentos é muito preciosa. Cada um de nós veio até aqui por acaso e, já que isso foi um acaso, não pode ser repetido. É por isso que é precioso. É por isso que o darma é precioso. Tudo se torna precioso. A vida humana se torna preciosa.

Há uma rara preciosidade na vida humana: cada um de nós tem seu cérebro, seus sentidos, seus materiais de trabalho. Cada um de nós teve seus problemas no passado: nossas depressões, nossas insanidades momentâneas, nossas complicações – todas elas fazem sentido. Assim a jornada continua, o acaso continua – que é o fato de estarmos neste momento juntos. Esse é o tipo de romantismo, o tipo de calor sobre o qual estou falando. Vale a pena se aproximar dos ensinamentos dessa forma. Se não fizermos assim, não podemos nos relacionar com o princípio de Padmasambhava.

Aluno: Poderia nos dizer algo sobre como você se relacionou com a louca sabedoria de seu guru Jamgöm Kongtrül de Sechen; se ele a tinha, e como você combinou essas duas posturas de riqueza e pobreza quando foi seu aluno?

Trungpa Rinpoche: Acho que minha forma de trabalhar era muito semelhante à de todo mundo. No começo, pessoalmente, tinha muito fascínio e admiração embasados no ponto de vista da pobreza. Também era muito excitante, pois ver Jamgön Kongtrül Rinpoche, em vez de apenas sentar e memorizar textos, era algo que me dava um bom repouso. Era sempre divertido vê-lo e estar com ele era muito bom.

Isso ainda era baseado em uma mentalidade apegada à pobreza – divertir-se com aquilo que não se tem. Tudo que eu tinha eram os livros, a leitura e o meu tutor para me disciplinar. Além disso, Jamgön Kongtrül, com sua compreensão e energia espiritual extraordinárias, era apresentado a mim como um exemplo daquilo em que eu deveria me tornar quando crescesse. Isso era o que me diziam o tempo todo, e também estava baseado no estilo da pobreza e do materialismo. Claro, as pessoas no mosteiro queriam cuidar de mim, mas eles também estavam preocupados com relações públicas: fama, glória, iluminação.

Porém, quando me aproximei de Jamgön Kongtrül, gradualmente parei de tentar obter algo para mim de forma que eu enriquecesse. Comecei a apenas aproveitar a sua presença, a apenas estar ali com ele. Então pude realmente sentir o seu calor e a sua riqueza, e fazer parte dela. Assim, parece que normalmente se começa com a postura materialista e gradualmente mudamos para a postura sadia, a devoção.

Com relação a Jamgön Kongtrül, ele possuía todas as qualidades de Padmasambhava. Às vezes, parecia apenas um grande bebê. Esse era o aspecto do príncipe. Às vezes, parecia muito bondoso e ajudava os outros. Às vezes, criava um ambiente sombrio que dava a sensação de que algo estava errado, o que fazia você se sentir extremamente paranoico. Eu costumava sentir como se tivesse uma grande cabeça dependurada no meu pescoço e ficava com muita vergonha dela, mas não sabia o que fazer.

ALUNO: Essa fase cínica pela qual estivemos passando se deve ao fato de sermos americanos? Ela tem algo a ver com a cultura americana, ou está ligado a algo dos ensinamentos que independe da cultura?

Trungpa Rinpoche: Acho que as duas coisas. É também por causa da cultura americana, especialmente por causa desse período particular de mudança social na qual o supermercado espiritual se desenvolveu. Precisamos ficar espertos para superarmos a mentalidade de supermercado, para não sermos sugados por ela.

Por outro lado, também é um enfoque muito budista. Você pode imaginar encontrar esse tipo de mentalidade na Universidade de Nalanda. Naropa e todos os outros pânditas penetravam tudo com suas mentes superlógicas. Era muito surpreendente. Este enfoque está ligado à ideia budista de os ensinamentos começarem com dor e sofrimento. Essa é a Primeira Nobre Verdade. É uma forma realista de olhar as coisas. Não é suficiente apenas ser simplório e maleável. Precisamos de algum peso, algum cinismo. Então, quando começamos a falar do caminho, que é a Quarta Nobre Verdade, temos a sensação de que alguma coisa positiva está surgindo, e essa é a parte devocional aparecendo.

Portanto, é uma combinação de fatores culturais e fatores inerentes. Ainda assim, é dessa forma que deve começar. E é desse jeito que se começa.

Aluno: Você usou a palavra "acaso". Na sua visão, isso inclui livre arbítrio?

Trungpa Rinpoche: Bem, as duas coisas. Isto é, livre arbítrio é a causa do acaso. Sem livre arbítrio não pode haver acaso.

Aluno: Temos falado sobre a forma de Padmasambhava se relacionar com as pessoas confusas. Você acredita ser adequado tomar o ponto de vista de Padmasambhava quanto a nós mesmos? Deveríamos deixar, por exemplo, as neuroses e coisas desse tipo aflorarem?

TRUNGPA RINPOCHE: Acho que, sim, esse é o ponto central. Há esse aspecto de Padmasambhava em nós. Possuímos certas tendências de não aceitar as nossas confusões e ir além delas. Há algo em nós que nos diz que não estamos sujeitos à confusão, [o que é] um aspecto revolucionário.

ALUNO: É importante agora tentar evitar o cinismo ao entrarmos em contato com os ensinamentos?
TRUNGPA RINPOCHE: Acho que o cinismo continua e se torna um cinismo mais poderoso. Não se consegue meramente ligar ou desligar o cinismo como alguém que troca canais na TV. Ele precisa continuar e deve estar presente. Por exemplo, quando encontrarmos um nível novo ou mais profundo de ensinamentos, precisaremos testá-los da mesma forma que já temos feito. Então, haverá mais informação e sua eventual confiança nesses ensinamentos terá mais embasamento.

ALUNO: Você falou antes sobre Padmasambhava estar em um estado de ausência de decisões. Isso é a mesma coisa que não pensar? Você sabe... a mente apenas funcionar?
TRUNGPA RINPOCHE: O que continua sendo pensar. Mas você *pode* pensar sem pensar. Há um certo tipo de inteligência ligada à totalidade que é uma inteligência mais precisa, mas que não é verbal. Não é de forma alguma conceitualizada. Pensa-se de certa forma, mas não é pensar no sentido comum.

ALUNO: É pensar sem esquematizar?
TRUNGPA RINPOCHE: Algo mais do que isso. É pensar sem esquematizar, mas é ainda algo mais do que isso. É uma inteligência autoexistente por si só.

Aluno: Rinpoche, sobre devoção. Fico tão alegre quando vivencio a qualidade viva do darma. Há tamanha alegria. É como um barato. Mas então descubro que a essa experiência pode se seguir uma queda que me leva a uma espécie de terra desolada ou a um país deserto. Tenho percebido que é melhor evitar essas duas sensações extremas, porque elas parecem sempre causar o seu oposto.

Trungpa Rinpoche: Veja, se o enfoque é de pobreza, então é como esmolar comida. Alguém nos dá comida e nos deleitamos enquanto comemos. Mas logo precisamos esmolar de novo e entre as duas esmolas surge um estado bem indesejável. É esse tipo de coisa. É se relacionar com o darma como o "outro" e não perceber que ele já está presente. Assim que percebemos que o darma somos nós mesmos e que já estamos nele, não nos sentimos particularmente alegres. Não há nenhum êxtase adicional e nenhum "barato" de qualquer tipo. Se você está em um barato, então está sempre em um barato e, portanto, não há ponto de referência algum com que comparar isso. E se não se está no barato, então é apenas extraordinariamente comum.

Aluno: A sua ideia de acaso não contradiz a lei do carma, que diz que tudo tem causa e efeito?

Trungpa Rinpoche: Acaso é carma. As situações cármicas ocorrem por acidente. É como pedra e aço batendo um no outro e causando uma fagulha. Os eventos surgem inesperadamente. Qualquer evento é sempre um evento repentino, mas é um evento cármico. A ideia original de carma é a ação evolutiva dos doze *nidanas*, que começam com ignorância, com a roda do potista. Essa ação evolutiva que começa com a ignorância é um acaso.

ALUNO: Então, a própria ignorância é o acaso?

TRUNGPA RINPOCHE: A própria ignorância é o acaso. A própria dualidade é o acaso. É um grande equívoco.

Segundo Seminário

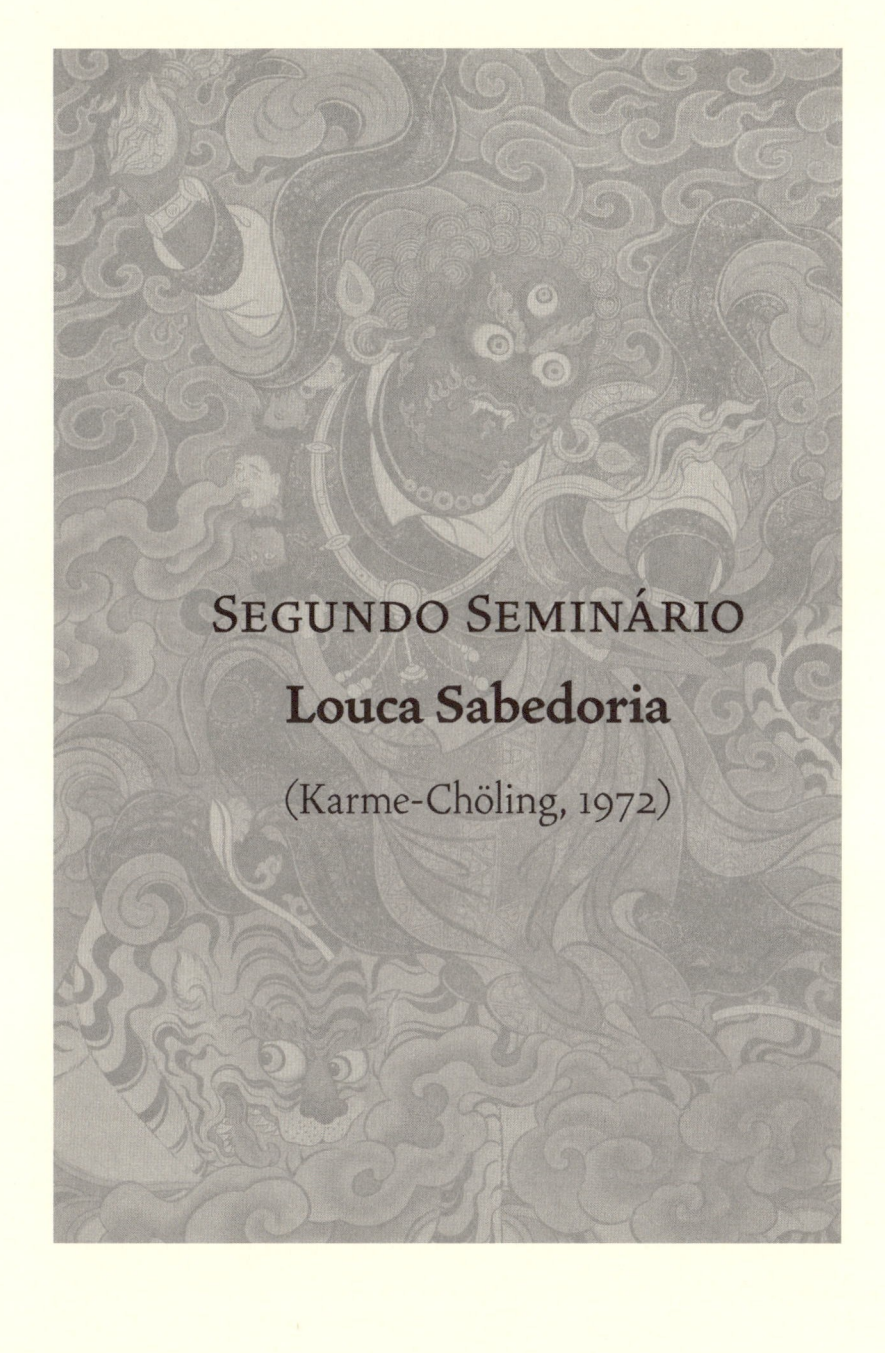

Louca Sabedoria

(Karme-Chöling, 1972)

Pema Jugne

1

Padmasambhava e a energia do Tantra

Neste seminário, estudaremos o maior santo budista do Tibete, Padmasambhava. Padmasambhava foi o grande iogue indiano e *vidyadhara* que apresentou os ensinamentos completos do Darma do Buda no Tibete, incluindo entre estes o Vajrayana ou Tantra. Com relação a datas e detalhes históricos, há incerteza. Supõe-se que Padmasambhava tenha nascido doze anos após a morte do Buda. Ele seguiu vivo e foi para o Tibete no século VIII para propagar o Darma do Buda. Nesse contexto, nosso enfoque quanto à cronologia e coisas desse tipo é totalmente não erudito. Temo que para aqueles que se preocupam com datas, números e fatos históricos não serei capaz de fornecer dados acurados. Ainda assim, a inspiração de Padmasambhava, não interessa o quão jovem ou quão velho ele possa ser, continua.

Em vez de estudar a vida e os atos de Padmasambhava de acordo com uma descrição histórica ou cronológica, tentaremos falar sobre o significado fundamental do "padmasambhavismo", se posso colocar assim – sobre como as qualidades básicas da existência de Padmasambhava estão ligadas com a aurora dos ensinamentos Vajrayana no Tibete. Podemos chamar isso de princípio de Padmasambhava. O princípio de Padmasambhava abriu as mentes de milhões de pessoas no Tibete, e já está abrindo as mentes de algumas pessoas neste país e também no resto do mundo.

A função de Padmasambhava no Tibete foi trazer os ensinamentos do Buda ao entrar em um relacionamento com os bárbaros tibetanos. Os tibetanos daquela época acreditavam em um eu e em uma autoridade maior externa ao eu, que é conhecida como "Deus". A função de Padmasambhava era destruir essas crenças. Seu enfoque foi o seguinte: se não há crença no eu, então não há crença em Deus – temo dizer que esse é um enfoque puramente não teísta. Ele precisava destruir esses castelos de areia inexistentes que construímos. Assim, a importância de Padmasambhava está ligada à destruição dessas crenças delusivas. Sua entrada no Tibete significou a destruição das estruturas espirituais teístas deludidas que haviam se estabelecido naquele país. Padmasambhava chegou ao Tibete e apresentou o budismo. Ao apresentá-lo, ele descobriu que não só tinha que destruir as crenças primitivas das pessoas, mas que também precisava paralelamente elevar suas consciências. Desse modo, ao apresentar o princípio de Padmasambhava, precisamos também nos relacionar com os problemas básicos de destruir o que precisa ser destruído e cultivar o que precisa ser cultivado.

Para começar, temos que destruir certas noções falaciosas ligadas à santidade, espiritualidade, bondade, céu, deidade e assim por diante. O que as torna falaciosas é a crença em um eu, em um ego. Essa crença faz com que seja eu que esteja praticando bondade – e, assim, que a bondade esteja separada de mim. Ou implica em um relacionamento no qual a bondade dependa de mim e eu dependa da bondade. Dessa forma, fundamentalmente, [já que nenhuma dessas coisas existe por si só] não há nada aqui a partir do qual se possa construir qualquer coisa. Com esse enfoque do *eu*, chega-se a conclusões através de fatores determinados pelo outro, que mostram que algo é assim ou assado. Desse ponto de vista, estamos construindo castelos de areia ou construindo castelos em um bloco de gelo.

De acordo com a visão budista, o ego – ou *eu* – não existe. Não é baseado em nenhum fator definitivo ou real de qualquer tipo. Baseia-se puramente na crença ou na suposição de que já que eu me chamo assim ou assado, portanto existo. E, se eu não sei como sou chamado, qual é o meu nome, então não há estrutura na qual a coisa toda esteja baseada. Essa crença primitiva funciona do seguinte modo: ao acreditar "naquilo" – o outro –, "isto" surge, ou seja, o *eu* surge. Se "aquilo" existe, então "isto" também precisa existir. Acredito "naquilo" porque preciso de um ponto de referência para a minha própria existência, para "isto".

No enfoque tântrico, ou Vajrayana, apresentado ao Tibete por Padmasambhava, minha existência em relação aos outros que existem se baseia em alguma energia, em algum sentido de entendimento, que também igualmente poderia ser um sentido de desentendimento.

Quando nos perguntamos "quem é você, o que é você?" e respondemos "sou fulano", a nossa afirmação ou confirmação está baseada em colocar algo naquela questão vazia. Uma pergunta é como um recipiente no qual colocamos algo para fazer dele um recipiente adequado e válido. Há alguma energia entre os dois processos de (1) dar à luz uma questão e (2) produzir uma resposta – um processo de energia que se desenvolve ao mesmo tempo. A energia que se desenvolve entre a questão e a resposta está ligada ou com a verdade completa ou com a falsidade completa. Estranhamente, as duas não se contradizem. De certa forma, a verdade completa e a falsidade completa são a mesma coisa. Elas fazem sentido simultaneamente. A verdade é falsa, a falsidade é verdadeira. E esse tipo de energia que flui continuamente é chamada de tantra. Uma vez que não diz respeito a problemas lógicos de verdade ou falsidade, o estado de mente ligado a isso é chamado de louca sabedoria.

O que estou tentando dizer é que nossas mentes estão constante e completamente fixadas no relacionamento com as coisas como sendo sempre "sim" ou "não" – "sim" no sentido de existência, "não" no sentido de desaprovar essa existência. Ainda assim, nossa estrutura mental básica se mantém continuamente entre essas duas atitudes. Tanto a afirmação quanto a negação se baseiam exatamente no mesmo sentido de se ter ponto de referência.

Assim, a estrutura básica da mente envolve um senso de ponto de referência que se apresenta continuamente, o que significa que há uma energia acontecendo de forma constante. Isso significa, quanto ao nosso relacionamento com o princípio de Padmasambhava, que não temos de negar a experiência de nossas vidas. Não temos de negar nossas experiências materialistas ou espiritualmente materialistas. Não temos de negá-las como más. Aliás, também não temos de afirmá-las como boas. Podemos nos relacionar com o nascimento simultâneo das coisas como elas são.[4]

Isso faz sentido porque o que tentamos fazer o tempo todo é lutar nesse terreno ou campo de batalha. Estamos lutando para saber quem possui o campo de batalha, se ele pertence aos atacantes ou à defesa e assim por diante. Mas em meio a isso tudo, ninguém jamais discutiu se esse campo de batalha realmente existe ou não. O que estamos dizendo aqui é que esse campo de batalha, ou terreno, realmente existe. Nossas negações ou afirmações sobre a quem ele pertence, seja a nós, seja aos outros, é que realmente não fazem diferença alguma. Durante todo o tempo em que estivemos afirmando ou negando, estivemos nesse mesmo campo de qualquer forma. Esse campo onde estamos é tanto o local de nascimento quanto o local da morte, simultaneamente. Isso nos dá uma sensação de solidez quanto ao princípio de Padmasambhava.

---

4   N. do E.: "Nascimento simultâneo" é uma referência à noção tântrica de coemergência, ou sabedoria coemergente (em tibetano, *ihenchik kyepe yeshe*). Samsara e nirvana nascem ao mesmo tempo, dando à luz a sabedoria.

Estamos falando sobre uma energia particular que permite que os ensinamentos sejam transmitidos pelo princípio de Padmasambhava. O princípio de Padmasambhava não pertence nem à maldade nem à bondade – ele não pertence a "sim" ou a "não". É um princípio que acomoda tudo que existe em nossas situações cotidianas. Justo porque essa energia existe nas situações cotidianas das pessoas, o princípio de Padmasambhava foi capaz de levar o Darma do Buda ao Tibete. De certa forma, as crenças teístas que existiam no Tibete – a crença em um eu e Deus separados, e a noção de tentar alcançar reinos superiores – precisavam ser destruídas. Essas crenças primitivas tinham de ser destruídas exatamente como estamos fazendo agora. Essas crenças primitivas na realidade separativa do eu e de meu objeto de adoração precisavam ser destruídas. A não ser que essas noções dualistas sejam destruídas, não haverá ponto de partida que permita dar à luz o tantra. O nascimento do tantra se dá a partir da não existência da crença "nisto" e "naquilo".

Mas os tibetanos, quando da chegada de Padmasambhava, eram um povo poderoso. Eles não acreditavam em filosofias ou em quaisquer das coisas ardilosas que os pânditas eram capazes de dizer. Eles não consideravam a inteligência de um pândita como tendo qualquer tipo de qualificação. A tradição Bön do Tibete era muito sólida, nítida e sã. Os tibetanos não acreditavam no que Padmasambhava tinha a dizer filosoficamente a respeito de coisas como a transitoriedade do ego. Eles não conseguiam entender a finalidade de qualquer coisa desse tipo. Consideravam essas análises lógicas apenas uma coleção de charadas – charadas budistas.

Os tibetanos acreditavam que "a vida existe, eu existo e minhas atividades rotineiras – trabalhar com os animais da fazenda, cultivar os campos – existem. Os animais e os campos existem, e minhas atividades práticas ligadas a eles são minhas atividades sagradas, minhas *sadhanas*". A visão Bön é de que essas coisas existem porque é preciso alimentar os filhos, tirar o leite da vaca, cultivar os campos, fazer manteiga e queijo. Acredita-se em verdades simples. Nossa tradição Bön é válida porque crê na sacralidade de alimentar a vida, em trazer comida da terra para alimentar a família. Essas coisas simples existem. Isso é religião, isso é verdade, do ponto de vista da tradição Bön.

Essa simplicidade é semelhante ao que encontramos na tradição dos índios norte-americanos. Matar um búfalo é um ato de criatividade porque alimenta os famintos; também controla o crescimento do rebanho de búfalos e, dessa forma, mantém-se um equilíbrio. É esse tipo de enfoque ecológico.

Encontramos todos os tipos de enfoques ecológicos, que são extraordinariamente sãos e sólidos. De fato, podemos nos perguntar se realmente este país já está maduro para apresentarmos a ele a sabedoria de Padmasambhava, uma vez que algumas pessoas já creem nessas filosofias ecológicas, enquanto outras não. Algumas pessoas são defensoras dogmáticas dessas filosofias e outros realmente não as conhecem. Percebendo isso, podemos repensar um pouco sobre como nos aproximarmos desta cultura. Mas, em geral, há certa continuidade no que está ocorrendo. Há um enfoque geral básico nesta cultura: pensamos que tudo existe para o nosso benefício.

Por exemplo, pensamos que o corpo é muito importante, porque mantém a mente. A mente alimenta o corpo e o corpo alimenta a mente. Sentimos ser muito importante manter isso acontecendo de uma forma saudável para nosso benefício e chegamos à conclusão de que a maneira mais fácil de atingir esse fantástico esquema de ser saudável é começar pelo lado menos complicado: alimentar o corpo. Assim, podemos esperar para ver o que vai acontecer com a mente. Se estivermos menos famintos, provavelmente estaremos psicologicamente mais satisfeitos e assim poderemos vir a ter vontade de contemplar ensinamentos de psicologia profunda ou de outras filosofias.

Esse é também o enfoque da tradição Bön: "Vamos matar um iaque, isso nos fará espiritualmente elevados. Nossos corpos ficarão mais saudáveis e, assim, nossas mentes se elevarão". E os índios americanos diriam parecido: "Vamos matar um búfalo". É a mesma lógica. É muito sensata. Realmente não podemos dizer que é loucura. É extremamente sã, extremamente realista, muito razoável e lógica. Há um padrão a ser respeitado e, se for colocado em prática de uma forma respeitável, o padrão seguirá e os resultados serão atingidos.

Também adotamos essa maneira de pensar neste país. Aqui, muitas pessoas fazem "culto ao índio americano" e não "culto ao americano branco". No culto ao americano vermelho, tem-se a própria terra, constrói-se a própria tenda, lida-se com os filhos, netos, bisnetos e tataranetos. Dignidade e caráter estão presentes. Não se teme nenhuma ameaça – desenvolvem-se qualidades de guerreiro. E então se pensa em como lidar com as crianças, como ensinar a elas o respeito pela nação. Instrui-se corretamente as crianças e então torna-se um cidadão respeitável.

Filosofias desse tipo são encontradas não somente entre os americanos vermelhos, mas também entre os celtas, os escandinavos pré-cristãos, os gregos e os romanos. Essa filosofia pode ser encontrada no passado de qualquer nação que tinha uma religião pré-cristã ou pré-budista, de fertilidade ou ecologia – tal como a dos judeus, dos celtas, dos índios americanos etc. Essa atitude de venerar a fertilidade e relacionar-se com a terra continua, é muito poderosa e bela. Tenho apreço profundo e seria seguidor de uma filosofia desse tipo. Aliás, sou um seguidor. Sou um

Bönista. Creio no Bön porque sou tibetano.

Acreditar nisso tudo com tal intensidade me faz pensar em algo que esteja além dessa estrutura meramente preocupada com a fertilidade, totalmente orientada para o corpo e que crê que o corpo alimentará a psicologia da iluminação mais elevada. Isso me faz questionar a coisa toda. Têm-se questionamentos desse tipo, isso não significa necessariamente que precisamos desistir das crenças antigas. Se somos crentes e praticantes do culto do americano vermelho, não precisamos nos tornar americanos brancos. Nesse contexto, a questão é como nossa filosofia se relaciona com a realidade do aspecto psicológico da vida? O que realmente queremos dizer com "corpo"? O que queremos dizer com "mente"? O que é o corpo? O que é a mente? O corpo consiste no que precisa ser alimentado, a mente é o que precisa sobreviver se o corpo for alimentado corretamente. Assim, precisar ser alimentado é outra parte do agregado da estrutura da mente.

O problema não surge do fato de termos que nos alimentar corretamente ou de ter que manter a saúde: o problema surge da crença na separação entre "eu" e "aquilo". Estou separado da minha comida e minha comida não sou eu, portanto, tenho que consumir essa comida que não sou eu de forma que ela se torne parte de mim.

Na tradição Bön do Tibete, havia um método místico para superar a separatividade, baseado no princípio *advaita*, o princípio não dual. Mas mesmo isso, até que alguém se torne a própria terra, ou até que alguém se torne o criador do mundo, não resolve o problema. Certas cerimônias Bön refletem um nível muito primitivo de crença relacionado a superar a separatividade. A ideia é que temos que criar um objeto de adoração e então comer o objeto de adoração – mastigá-lo, engoli-lo. Assim que o tivermos digerido, poderemos acreditar que estamos completamente advaita, não duais. Isso é semelhante ao que ocorre na cerimônia tradicional de comunhão cristã. Para começar, há uma separatividade entre você e Deus, e entre você e o Filho ou o Espírito Santo. Você e Eles são entidades separadas. Até que você tenha se associado com a carne e o sangue de Cristo, representados por certos materiais nos quais o Espírito Santo entra, você não pode completar a sua união com eles. Você não pode ter a completa união até que coma o pão e beba o vinho. O fato de você não poder se tornar uno até que faça isso mostra que ainda se trata de um ato de separação. Comer e beber é destruir a separação, mas, fundamentalmente, a separação ainda está ali – quando defecamos e urinamos, terminamos separados de novo. Há algum problema nisso.

O sentido de tornar-se uno não pode ser baseado no ato físico de fazer alguma coisa – ou, como nesse caso, em tomar parte em uma cerimônia. Para ser uno com a realidade, tenho que abandonar a esperança de me tornar uno com a realidade. Em outras palavras, quando se começa com "isso existe" ou "aquilo existe", não há esperança. Não dá para lidar com isso. Eu desisto da esperança. Não me interessa se "isto" existe ou se "aquilo" existe, não há esperança. Essa ausência de esperança é o ponto de partida do processo da realização.

Hoje, enquanto voávamos de Denver para Boston, encontramos um belo fenômeno, uma visão, se assim preferirem. Da janela do avião, avistamos um anel de luz refletido nas nuvens, um arco-íris que nos seguia onde quer que fôssemos. No centro do anel do arco-íris, à distância, havia o que parecia ser uma pequena forma de amendoim, uma pequena sombra. Enquanto começamos a descer e chegar mais perto das nuvens, reconhecemos que a forma de amendoim era na verdade a sombra do avião cercada pelo anel de arco-íris. Foi lindo, realmente milagroso. Enquanto descíamos das profundezas das nuvens, a sombra aumentava cada vez mais. Começamos a reconhecer todo o formato do avião, com a cauda, a frente e as asas. Então, quando estávamos prestes a pousar, o anel de arco-íris e as sombras desapareceram. E a nossa visão acabou.

Isso me lembrou de quando olhamos para a lua em um dia enevoado e vemos um anel de arco-íris ao redor dela. No mesmo instante, percebemos que não somos nós que estamos olhando para a lua, mas a lua que está nos olhando. O que vemos refletido nas nuvens é a nossa própria sombra. Isso nos deixa perplexos. Quem está vendo quem? Quem está enganando quem?

O enfoque da louca sabedoria é abandonar a tentativa, abandonar a esperança. Não há esperança em compreender qualquer coisa. Não há esperança em descobrir quem fez o quê, o que fez o quê e como essas coisas aconteceram. Desista da ambição de completar o quebra-cabeça. Desista disso completamente, absolutamente, jogue-o para cima, coloque-o na fogueira. A não ser que desistamos dessa esperança, dessa preciosa esperança, não há como sair disso.

É como tentar descobrir quem está no controle do corpo ou da mente, quem tem a ligação mais próxima com Deus – ou quem tem a ligação mais próxima com a verdade, como diriam os budistas. Os budistas afirmariam que Buda tinha a verdade porque não acreditava em Deus. Ele descobriu que a verdade é livre de Deus. Mas os cristãos ou outros teístas podem dizer que a verdade existe porque existe alguém que a concebe. Lutar com essas duas polaridades é inútil neste momento. É uma situação completamente sem esperança, totalmente sem esperança. Não compreendemos – e nem temos possibilidade de compreender – qualquer coisa. É inútil olhar para algo de forma a compreender, descobrir algo, porque não há descoberta alguma ao final, a não ser que a fabriquemos. E, ainda que fabricássemos uma descoberta, não ficaríamos particularmente felizes com ela. Apesar de podermos prosperar com ela, saberíamos que estaríamos nos enganando. Saberíamos do jogo secreto acontecendo entre "eu" e "aquilo".

Assim, o processo introdutório da louca sabedoria de Padmasambhava é desistir da esperança, desistir completamente da esperança. Ninguém vai nos confortar e ninguém vai nos ajudar. Toda ideia de tentar encontrar a raiz ou alguma lógica para a descoberta da louca sabedoria é completamente sem esperança. Não há base, não há esperança. Aliás, também não há medo, mas é melhor não falar muito sobre isso agora.

ALUNO: Essa ausência de esperança é a mesma ausência de esperança da qual você falou quanto a *shunyata*?
TRUNGPA RINPOCHE: Eu não gostaria nem mesmo de atrelar à shunyata. Essa ausência de esperança não dá segurança alguma, nem mesmo a segurança de shunyata.

ALUNO: Não compreendo por que não há medo nesse contexto. Parece haver possibilidade de muito medo.
TRUNGPA RINPOCHE: Se não se tem esperança, como se pode ter medo? Não há nada a conseguir, então não há nada a perder.

ALUNO: Se não há nada a ganhar nem nada a perder, porque continuar estudando? Porque não apenas sentar e relaxar com uma garrafa de cerveja?
TRUNGPA RINPOCHE: Bem, esse em si é um ato de medo e esperança. Se apenas sentamos com uma cerveja e relaxamos, dizendo para nós mesmos "bem, agora está tudo bem – não há nada a perder, nada a ganhar", isto em si é um ato de esperança e medo. [É tentar criar uma saída,] mas não há saída.

Veja, ausência de medo e esperança não é liberdade, mas um aprisionamento ainda maior. Você já se deixou cair na armadilha da espiritualidade. Você criou a sua própria viagem espiritual e se prendeu a ela. Essa é outra forma de encarar a situação.

Aluno: Seria então aceitação?
Trungpa Rinpoche: Não, eu não diria nada tão filosófico quanto aceitação. É mais desesperado que aceitação.

Aluno: É desistir?
Trungpa Rinpoche: Desistir é desesperado. Quando simplesmente desiste, você é pressionado a desistir da esperança, você não pede para desistir da esperança.

Aluno: Parece que lutar no campo de batalha do seu território de "sim" e "não" é a solução, já que não há como escapar dele.
Trungpa Rinpoche: Eu não diria que é a solução, pois isso poderia nos dar algum tipo de esperança.

Aluno: Mas não há outro campo de batalha onde lutar.
Trungpa Rinpoche: Sim, isso é bastante sem esperança.

Aluno: Um instante atrás você parecia dizer que mesmo shunyata poderia nos dar algum tipo de segurança.
Trungpa Rinpoche: Depende de como você se relaciona com ela. [Se nos relacionamos com shunyata como uma resposta, ela pode nos dar alguma esperança.] Senhoras e senhores, até que percebamos o verdadeiro sentido da ausência de esperança, não temos chance alguma de entender a louca sabedoria.

Aluno: Temos apenas que abandonar a esperança?
Trungpa Rinpoche: A esperança e o medo.

Aluno: Parece que você não pode apenas sentar e fazer nada. Certa insatisfação surge, e então a esperança surge muito naturalmente e essa insatisfação de alguma forma desaparece. Assim, a esperança parece uma coisa muito natural e espontânea.
Trungpa Rinpoche: Isso é horrível. Você não vai conseguir nada disso também. Isso é horrível.

Aluno: Sim, mas a esperança surge em todas as situações, não sei como podemos evitar.
Trungpa Rinpoche: Você não tem de evitar ter esperança por considerar que esse é o jeito certo de agir. É uma lástima. É muito simples: a coisa toda não tem esperança. Quando estamos tentando descobrir o que vem primeiro e o que vem depois, não há saída. Sem esperança!

Aluno: Sim, mas a história, o budismo, todos os tipos de tradições nos dão esperança.
Trungpa Rinpoche: Bem, elas são baseadas em ausência de esperança, é por isso que dão algum tipo de esperança. Quando você desiste completamente da esperança, há situações esperançosas. Mas é sem esperança tentar entender isso logicamente. Totalmente sem esperança! Não nos dá nenhum tipo de dica ou mapa. Os mapas estariam nos dizendo sempre: "Sem esperança aqui, sem esperança ali, sem esperança lá, sem esperança acolá". Sem esperança. Esse é *único* ponto.

Aluno: Esperança significa a sensação de que eu posso fazer, de que eu posso manipular – está certo?

Trungpa Rinpoche: Sim, a sensação de que vou conseguir algo do que estou tentando fazer.

Aluno: A conquista da ausência de esperança é uma experiência imediata, em que de repente "a ficha cai"...
Trungpa Rinpoche: Não. Não é um instante repentino pelo qual você é salvo. De forma alguma.

Aluno: Então é algo que qualquer um pode intuir a qualquer momento.
Trungpa Rinpoche: Nós todos o fazemos sempre. Mas mesmo isso não é algo sagrado.

Aluno: Se não há mapas nem dicas e é tudo sem esperança, qual seria a necessidade de um professor nessa viagem toda, além de nos dizer que ela é sem esperança?
Trungpa Rinpoche: Você acabou de dizer!

Aluno: Você nos aconselharia a mergulhar na ausência de esperança ou a cultivá-la aos poucos?
Trungpa Rinpoche: Isso é com você. É realmente com você. Direi apenas uma coisa: é impossível desenvolver louca sabedoria sem uma sensação de ausência de esperança, de total ausência de esperança.

Aluno: Isso significa tornar-se um pessimista profissional?
Trungpa Rinpoche: Não, não. Um pessimista profissional é cheio de esperança, porque ele desenvolveu o seu sistema de pessimismo. Isso é apenas a velha esperança de novo.

Aluno: Como é a ausência de esperança?
Trungpa Rinpoche: Apenas puramente sem esperança. Sem base, sem base alguma.

Aluno: No momento em que se toma consciência de que se está se sentindo sem esperança, de alguma forma a ausência de esperança perde a sua autenticidade?
Trungpa Rinpoche: Isso depende de você considerar a ausência de esperança como algo sagrado de acordo com uma religião ou ensinamento espiritual, ou considerá-la apenas como profundamente sem esperança. Isso é com você.

Aluno: Digo, estamos sempre falando sobre essa ausência de esperança e todos estão começando a sentir que essa é a chave, e, assim, nós a queremos. Sentimo-nos sem esperança e dizemos: "Bem, agora estou no caminho certo". Isso poderia eliminar parte da realidade da ausência de esperança.
Trungpa Rinpoche: Muito ruim. Muito ruim. Se você a considera como o caminho, no sentido de achar que vai conseguir algo dela, não vai funcionar. Não há escapatória. Essa atitude se autoderrota. A ausência de esperança não é um ensaio. Entenda, ela é pra valer – ela é a verdade. É a verdade da ausência da esperança, em vez de apenas a doutrina da ausência de esperança.

Aluno: Rinpoche, se é assim quanto à ausência de esperança, então todo o cenário [budista] e o que sabemos sobre Hinayana, Mahayana, Vajrayana etc., parece se tornar apenas mais uma grande viagem para nos fazer desistir da esperança. Você muitas vezes falou de um tipo de prática do judô, de usar a energia do ego para deixar que ele derrote a si próprio. Nesse contexto, podemos de alguma forma usar a energia da esperança para gerar ausência de esperança, a energia de tudo isso para que ela derrote a si mesma. É assim ou essa ideia de prática de judô também é parte de toda a viagem?

TRUNGPA RINPOCHE: Diz-se que, ao fim da jornada pelos nove *yanas*, fica claro que a jornada nunca precisaria ter sido feita. Assim, o caminho que nos é apresentado é um certo tipo de ato de ausência de esperança. A jornada nunca precisaria ter sido feita. É comer a própria cauda e continuar comendo até que se coma a própria boca. Esse é o tipo de analogia que podemos usar.

ALUNO: Parece que para começar é preciso desconsiderar a advertência. Apesar de ouvir que é sem esperança, neste momento, a única forma de continuar é com esperança. Por que sentar e meditar logo agora? Por que não apenas sair e brincar? Parece que tudo nesta situação é um paradoxo, mas, certo, você sabe, tudo bem, seguirei onde estou. Mesmo que eu ouça que não tem esperança, vou fingir.

TRUNGPA RINPOCHE: Esse também é um ato de esperança, que em si é sem esperança. Ele come a si próprio. Em outras palavras, você pensa que é capaz de enganar o caminho ao ser um viajante esperto do caminho, mas você começa a perceber que é o próprio caminho. Você não pode derrotar o caminho, porque você faz o caminho. Assim, você inevitavelmente receberá uma forte mensagem de ausência de esperança.

ALUNO: Ao que me parece, a única forma de conseguir isso é continuar jogando o jogo.

TRUNGPA RINPOCHE: Isso é com você. Também poderia desistir. Você tem uma escolha bem definida. Há duas alternativas bem definitivas, que suponho que poderíamos chamar de iluminação instantânea ou iluminação gradual. Isso depende completamente de você: pode desistir da esperança agora ou continuar jogando o jogo e improvisando todo tipo de outras diversões. Assim, quanto mais cedo desistir da esperança, melhor.

Aluno: Parece que você pode lidar com uma situação sem esperança apenas durante certo tempo. Em um determinado momento, você não se relacionará mais com ela e aproveitará qualquer distração para dela se desviar.
Trungpa Rinpoche: É você que sabe.

Aluno: Você poderia simplesmente se forçar repetidas vezes, continuamente, a...
Trungpa Rinpoche: Bem, surge dessa forma à medida que as situações da vida continuam.

Aluno: Se a situação toda é sem esperança, como se toma decisões? Baseado em quê alguém escolhe matar apenas um búfalo para alimentar a família ou quinhentos para colocar as cabeças na parede?
Trungpa Rinpoche: As duas alternativas são destituídas de esperança. São formas de tentar sobreviver, o que é esperança. Assim, são igualmente sem esperança. Temos de aprender a trabalhar com a ausência de esperança. A religião não teísta é o enfoque sem esperança de não acreditar em nada. E a religião teísta é esperançosa, crê na separatividade entre eu e a teta que eu sugo, por assim dizer. Desculpem ser grosseiro, mas funciona mais ou menos assim.

ALUNO: Você disse que não há Deus, não há eu. Há algo que possa ser chamado de "eu verdadeiro"? Há algo fora da ausência de esperança?

TRUNGPA RINPOCHE: Gostaria de lembrar a você que esta coisa toda é a preparação para a louca sabedoria, que não conhece nenhum outro tipo de verdade além de si mesma. Desse ponto de vista, não há eu verdadeiro, porque quando você fala sobre eu verdadeiro ou natureza de buda, isso em si é tentar inserir alguma atitude positiva, algo que lhe diga que está tudo bem. Isso não existe na ausência de esperança.

ALUNO: Essa ausência de esperança me parece uma reafirmação da ideia de parar com a autoproteção, parar de tentar melhorar a situação. De acordo com a nossa compreensão estereotipada da iluminação, é no momento em que interrompemos esse sentido de proteção e progresso que a verdadeira compreensão pode começar. É isso que você está dizendo?

TRUNGPA RINPOCHE: Com relação a esse processo, não há promessa de coisa alguma, nada. É desistir de tudo, inclusive do eu.

ALUNO: Então essa ausência de esperança nos coloca no aqui e agora.

TRUNGPA RINPOCHE: Muito mais do que isso. Não coloca em lugar algum. Não tem base para se escorar, absolutamente nenhuma. Está completamente só. E mesmo a solidão não é considerada uma nova casa, porque se está tão só, tão absolutamente sem esperança que mesmo a solidão não é mais refúgio. Tudo é completamente sem esperança. Mesmo ela própria [grita "ela própria" e estala os dedos]. É totalmente extirpada, completamente. Qualquer tipo de energia que surja de forma a preservar a si mesma também é sem esperança.

Aluno: Se a energia que estava preservando o eu, que forma um tipo de casca ao seu redor, acaba, o eu apenas escapa para uma não distinção entre si mesmo e o que está ao redor?

Trungpa Rinpoche: Não te dá segurança alguma. Quando falamos sobre ausência de esperança, significa literalmente desesperança. Nesse contexto, o sentido de esperança é esperança em contraposição à perda. Não há nenhuma forma de você conseguir algo dela. De forma alguma. Nem mesmo de obter ela própria.

Aluno: É perder a si próprio?
Trungpa Rinpoche: Perder a si próprio, exatamente.

Aluno: Esse tipo de ausência de base parece ser mais do que ausência de esperança. Digo, na ausência de esperança ainda há alguma sensação de que *há alguém* que não tem esperança.
Trungpa Rinpoche: Até isso é suspeito.

Aluno: O que acontece com a base? A base cai. Não entendo.
Trungpa Rinpoche: A base também é sem esperança. Também não há solidez na base.

Aluno: Entendo o que você está dizendo. Você está dizendo que não interessa em que direção olhamos...
Trungpa Rinpoche: Sim, você está subjugado pela ausência de esperança. Por todo lado. Profundamente. Completamente. Amplamente. Você é uma situação claustrofóbica de ausência de esperança.
Estamos falando sobre um sentido de ausência de esperança como uma experiência de não ter base. Estamos falando de experiência.

Estamos falando sobre uma experiência, que é uma pequena ameaça ao esquema todo. Estamos falando sobre a experiência da ausência de esperança. Essa é uma experiência que não pode ser esquecida ou rejeitada. Ela pode rejeitar a si mesma, mas ainda há a experiência. É apenas um tipo de ameaça que continua. Talvez pudéssemos discutir isso mais profundamente quanto à experiência da experiência de Padmasambhava. Mas o fato é que essa experiência da experiência de Padmasambhava não quer dizer nada. É ainda assim sem esperança.

ALUNO: Você parece estar dizendo que, quando não há esperança, há inteligência. E quando você pensa que há esperança, então isso é ignorância.
TRUNGPA RINPOCHE: Não vejo assim, querido. É completamente sem esperança.

ALUNO: Quando você fala sobre ausência de esperança, a coisa toda parece completamente deprimente. E parece que você poderia ser facilmente subjugado por essa depressão até o ponto em que você apenas se esconderia em uma casca ou na insanidade.
TRUNGPA RINPOCHE: Isso é com você. É completamente com você. Esse é o ponto.

ALUNO: Há algo...
TRUNGPA RINPOCHE: Veja, o ponto é que não estou fabricando um modelo absoluto de ausência de esperança com padrões delicados e trabalhados de todos os tipos, apresentando isso a você e pedindo que trabalhe nisso. A sua bondade, a sua ausência de esperança, é o único modelo que existe. Se eu fabricasse algo, seria apenas uma brincadeira, irrealista. Ao contrário, é a sua ausência de esperança, é o seu mundo, a sua herança.

Essa ausência de esperança surge na sua existência, na sua psicologia. É uma questão de trazê-la para fora como ela é. Mas, ainda assim, é sem esperança. Por mais esperançosa que você tente deixá-la, ela ainda assim é sem esperança. E eu não posso remodelá-la, reformatá-la, reacabá-la de forma alguma. Não é como um candidato político na televisão, onde as pessoas passam pó em seu rosto e colocam batom em seus lábios para deixá-lo mais apresentável. Não podemos fazer isso. Neste caso, é sem esperança, completamente sem esperança. Você tem que fazê-lo da sua própria maneira.

Aluno: É possível para alguém ser consciente de que tudo é sem esperança, mas ainda assim ser alegre?
Trungpa Rinpoche: Bem, podemos ter todos os tipos de situações sem esperança, mas elas todas são expressão da ausência de esperança. Suponha que o que você descreve pudesse acontecer... a quem você estaria tentando enganar?

Aluno: A situação com Naropa tendo suas visões e tendo a possibilidade de escolher lutar com a bruxa ou negociar com ela é a mesma situação de "sim" e "não" que você descreveu em sua palestra?
Trungpa Rinpoche: Sim, acho que é.

Aluno: E a ausência de esperança de Naropa ao fim...
Trungpa Rinpoche: O estado de ausência de esperança de Naropa antes de ele realmente encontrar o seu guru era absoluto. Compreender a vida de Padmasambhava sem uma sensação de ausência de esperança seria completamente impossível.

2

Ausência de esperança e o Trikaya

O senso de ausência de esperança é o ponto inicial para o relacionamento com a louca sabedoria. Se o sentido de ausência de esperança for capaz de suplantar objetivos pouco realistas, então a ausência de esperança se torna algo mais definido. Ela se define porque não estamos tentando fabricar nada que não seja aquilo que efetivamente não existe. Dessa forma, o sentimento de ausência de esperança estabelece a postura básica a se manter com relação à não dualidade.

O sentido de ausência de esperança se conecta diretamente com o nível prático da vida cotidiana. A vida em seu nível prático não contém qualquer filosofia ou experiência mística sutil. Apenas é o que é. Se somos capazes de reconhecer isso, então há um sentido de realização. Vivenciamos a iluminação repentina. Sem um sentimento de ausência de esperança, não há como dar à luz a iluminação repentina. Apenas desistir de nossos projetos nos levará ao estado definitivo, derradeiro e positivo de ser, que é o reconhecimento de que somos seres já totalmente iluminados aqui e agora.

Se entrarmos nos detalhes desse estado, reconheceremos que mesmo ao vivenciarmos uma sensação da natureza de buda, ainda teremos de passar por essa vivência, que é ligada à parte samsárica ou confusa de nosso ser, e que surge na dependência de termos a experiência de algo. A experiência envolve um sentido de dualidade. Você tem a experiência e se relaciona com aquela experiência; você se relaciona com algo separado; há uma separação entre você mesmo e o que se experimenta. Tem-se uma questão a tratar: a experiência.

Apesar de ainda haver uma sensação de separação, de dualidade, ainda assim é uma experiência de despertar, de reconhecer a natureza de buda presente em nós. Dessa forma, vamos desenvolvendo uma sensação de espaço entre a experiência e a projeção da experiência. Há sempre uma tarefa à frente: a de tentarmos capturar para nós mesmos algum aspecto que pareça sadio. Fazer esse esforço, envolver-se de alguma forma nesse relacionamento particular, posiciona a nossa sensação de espaço em um lugar qualquer.

É parecido com quando estamos prestes a dizer algo. Primeiro, precisamos vivenciar as coisas não ditas. Sentimos o espaço do que ainda não dissemos. Sentimos o espaço e daí dizemos enfim o que íamos dizer, e isso acentua o espaço de certa forma, nos coloca em uma perspectiva definida. De forma a expressar o espaço, precisamos delimitar as fronteiras daquele espaço.

Esse tipo de sentimento de abertura que acontece quando estamos prestes a dizer algo ou prestes a vivenciar algo é um tipo de senso de vacuidade. É uma sensação da vacuidade fértil, grávida. Essa experiência de vacuidade é o *darmakaya*. De forma a dar à luz, precisamos de um espaço apropriado para dar à luz. A sensação da ausência daquele nascimento logo antes do nascimento é o darmakaya.

O darmakaya não é condicionado. O salto já foi dado. Quando definitivamente decidimos saltar, o salto já foi dado. O salto em si é algo repetitivo ou redundante. Uma vez que tenhamos decidido saltar, já demos o salto. Estamos falando sobre um tipo de sensação de espaço na qual o salto, o nascimento, já nos foi dado, mas ainda não foi manifestado. Não foi, mas é como se já tivesse sido. Por exemplo, no estado de mente em que estamos prestes a experimentar beber uma xícara de chá, nós já bebemos uma xícara de chá antes de a bebermos de fato. E já dissemos as coisas antes de realmente as termos dito em um nível manifesto.

Essa base, por assim dizer, grávida, embrionária e fértil que existe constantemente em nosso estado mental também é incondicionada [além de ser grávida de algo]. É incondicionada em relação ao nosso ego, nossa mente dualista, nossas ações, nosso amor e ódio, e assim por diante. Em relação a tudo isso, é incondicionada. Assim, temos este tipo de lampejo incondicionado constantemente presente em nossas mentes.

O estado do darmakaya é o ponto de partida ou base de Padmasambhava. A manifestação embrionária seria o darma, o darma das possibilidades que já aconteceram, as coisas existentes que existem na não existência. É um sentimento de fertilidade – completamente exercido, ainda que intangível – em nossa experiência cotidiana. Antes das emoções surgirem, há preparações para que elas se deem. Antes de efetuarmos as ações, há preparações para que elas ocorram. A sensação de espaço ocupado, autoexistente, é o darma. *Kaya* é forma, ou "corpo", a afirmação de que esse darma existe. O corpo do darma é o darmakaya.

Em seguida, temos, também em nosso estado de ser, o segundo nível de manifestação de Padmasambhava, o *sambogakaya*. Essa é a fronteira entre o preenchimento e esvaziamento. Há um sentimento de que o preenchimento se validará, pois é vacuidade. Em outras palavras, é um tipo de afirmação da existência da vacuidade. Há a espacialidade onde as emoções começam a surgir, onde a raiva está prestes a explodir ou já explodiu, mas ainda precisa haver uma travessia na direção do nascimento final. Esse [movimento] é o sambogakaya. *Sam* significa "completa", *bhoga* significa "deleite". Nesse contexto, "deleite" é ocupação ou energia, ao contrário de "deleite" no sentido de prazer em contraposição à dor. É ocupação, ação que existe por si só, emoções que existem por si só. Mas, apesar de existirem por si mesmas, elas não possuem raízes no que diz respeito à sua validade básica. Não há validade básica, mas, ainda assim, as emoções surgem do nada e sua energia lampeja, faísca constantemente.

Então temos *nirmanakaya*. *Nirmana* nesse caso é a emanação, ou manifestação – a completa disposição ou formato final. É como quando uma criança já nasceu e o médico corta o cordão umbilical para se assegurar de que a criança esteja finalmente separada de seu pai e sua mãe. Agora se trata de uma entidade separada. Isso é um paralelo com o explodir das emoções em direção a um mundo externo que expressa seu fascínio. Nesse momento, o objeto da paixão, ou o objeto da agressão, ou o que seja, surge de forma muito poderosa e bem definida.

Isso não se refere necessariamente às emoções, como, por exemplo, usar a raiva como influência para matar uma pessoa ou a paixão como influência para seduzir uma pessoa. Ainda assim, há um sentido de que, antes que as palavras em si sejam expressas ou que os movimentos corporais ocorram, as emoções já ocorreram. Há então uma definição final das emoções e elas ganham vida independente de nós. Cortamos oficialmente o cordão umbilical entre nós mesmos e nossas emoções. Elas já ocorreram externamente – já se tornaram um satélite, o seu satélite, uma coisa separada. Essa é a sua manifestação final.

Quando falamos de raiva, paixão ou ignorância/fascinação, não interessa sobre o que falemos, não estamos falando em termos moralistas de bem ou mal. Estamos falando de emoções extremamente carregadas que mantêm a energia de sua vivacidade. Podemos dizer que nossas vidas consistem nessa vivacidade nítida extraordinária o tempo todo: a vivacidade do tédio, da raiva, do amor, do orgulho, da inveja. Nossas vidas consistem em todas essas formas de vivacidade, e não das virtudes e dos pecados criados por elas.

Estamos falando da essência de Padmasambhava. Essa vivacidade de Padmasambhava está se manifestando constantemente em nossas vidas através do processo de dar à luz: de vivenciar esse sentido de espaço, depois manifestar e então concluir essa manifestação. Assim, há um processo tríplice, do darmakaya como espaço embrionário, do sambogakaya como a qualidade de movimento e do nirmanakaya no qual ele finalmente se expressa. Todas essas situações são Padmasambhava em sua vivacidade.

Parece-me que, antes de discutir os oito aspectos de Padmasambhava, é importante compreender os três princípios do Trikaya. A não ser que percebamos as sutilezas das energias envolvidas na vida de Padmasambhava, não temos como compreendê-la. Sem compreender o Trikaya, podemos vir a pensar que, quando Padmasambhava se manifesta nos diferentes aspectos, ele é como uma única pessoa vestindo chapéus diferentes: o seu chapéu de negócios, o seu chapéu de caçador, o seu chapéu de iogue, o seu chapéu de erudito e assim por diante. Não é assim. Não é uma única pessoa trocando de roupas. Tem a ver com a energia da vida.

Ao falar sobre Padmasambhava, não estamos nos referindo apenas a uma pessoa histórica: "Era uma vez uma pessoa, Padmasambhava, que nasceu na Índia". De alguma forma, isso não faz sentido. Se estivéssemos fazendo isso, estaríamos apenas aprendendo história. Em vez disso, o que estamos tentando demonstrar é que Padmasambhava é a nossa experiência. Estamos tentando nos relacionar com a "padmasambhavidade" presente em nós, em nosso estado de ser. A "padmasambhavidade" consiste nesses três ingredientes: o darmakaya, ou espaço aberto; o sambogakaya, ou energia de movimento; o nirmanakaya, ou a manifestação em si.

Neste momento, podemos nos perguntar: "Era para tudo isso ser a tal de louca sabedoria – mas o que há de tão louco quanto a essas coisas?

A energia acontece, o espaço está lá – há algo de incomum quanto a isso? Há algo de sábio ou louco nisso? ". Na verdade, não há nada – nada de louco e tampouco de sábio quanto a isso tudo. A única coisa que torna isso extraordinário é que é verdade. Estamos infestados de Padmasambhava. Somos assombrados por ele. Nosso ser é completamente feito de Padmasambhava. Assim, quando tentamos nos relacionar com ele "lá", como uma pessoa que vive em uma montanha cor de cobre em uma ilha remota na costa da Índia, isso não faz sentido.

Seria muito fácil nos relacionarmos com ele dessa forma, porque poderíamos, então, criar algum tipo de ambição. Podemos achar uma boa ideia ir para onde ele está. Descobrir se é apenas mitologia ou se ele realmente existe. Podemos pegar um avião, podemos tomar um barco. Podemos descobrir onde ficam esses lugares onde se supõe que Padmasambhava ainda esteja vivo. Tentar invocar Padmasambhava, trazê-lo para nós de fora até o nosso ser, é como esperar Godot. Aquilo nunca acontece.

Havia um grande *siddha* tibetano chamado o Louco de Tsang. Ele vivia em Tsang, no Tibete oriental, perto de uma montanha chamada Anye Machen, onde o meu guru Jamgön Kongtrül o visitou. Isso foi cerca de cinco anos antes de eu conhecer o meu guru. Ele costumava contar a história de seu encontro com o Louco de Tsang, que era um fazendeiro simples que havia atingido a essência da louca sabedoria. Ele tinha essas coisas muito preciosas guardadas no seu depósito – sacos e sacos que se supunha estarem cheios de coisas preciosas. Posteriormente, descobriu-se que os sacos continham apenas pedras e lascas de madeira. Meu guru contou que perguntou ao Louco de Tsang: "Como se faz para atingir união com Padmasambhava?" O louco contou o seguinte:

> "Quando eu era um jovem praticante e budista muito devoto, cheio de fé, eu costumava querer que o meu corpo se tornasse uno com o corpo de Padmasambhava. Fiz incontáveis recitações, milhões de mantras e invocações. Costumava berrar mantras até quase morrer. Chegava a achar que era perda de tempo o próprio ato de respirar durante essas recitações. Eu chamava, chamava e chamava por Padmasambhava, tentando mesclar o meu corpo com o dele. Mas então reconheci: eu sou – meu corpo é – Padmasambhava. Poderia continuar a chamar por ele até que perdesse a voz, mas não fazia mais sentido. Então, decidi nunca mais invocá-lo. Descobri que era Padmasambhava que estava me invocando. Tentei parar com aquilo, mas não conseguia controlar. Padmasambhava me queria e continuava recitando o meu nome."

Esse é o tipo de situação que estamos discutindo, suponho. Em vez de olhar para fora procurando por ele, ele já está olhando de dentro para nós. A fim de que tornemos tudo isso real e comum em nossas vidas, parece que precisamos ser convencidos de alguma forma. Precisamos reconhecer que há uma sensação de energia já presente e que essa energia contém a totalidade. Essa energia não é dualista ou interdependente – é uma energia autoexistente em nós mesmos. Possuímos paixão, agressão, temos o nosso próprio espaço, a nossa própria energia – já está ali. Existe sem dependência alguma quanto às situações. É absoluta, perfeita e independente. É livre de quaisquer formas de relacionamento.

Aqui, esse parece ser o ponto a respeito de Padmasambhava. O princípio de Padmasambhava consiste na liberdade quanto a quaisquer ideias, ou teorias, ou atividades especulativas de auto-observação. É a experiência viva das emoções e das experiências sem um observador. Porque já somos buda, já somos Padmasambhava. Obter uma confiança desse tipo, o orgulho vajra, nos cria ainda maiores oportunidades. Não é difícil imaginar que quando se sabe completamente quem se é e o que se é, pode-se explorar o resto do mundo, porque não é mais necessário explorar a si mesmo.

ALUNO: Rinpoche, se o darmakaya é um estado já grávido, ou um estado já fértil, isso significa que não há nenhum darmakaya completamente vazio, que não se aplique a mais nada? Você está dizendo que o darmakaya já tem algum tipo de sentido de aplicação?

TRUNGPA RINPOCHE: Veja, nesse caso, o darmakaya é parecido com a experiência. É bem diferente do *darmadhatu*, o darmadhatu mais amplo. Quando você se refere a ele como *darma* e *kaya*, de certa forma, ele é condicionado. É condicionado porque já está grávido.[5]

ALUNO: Então isso significa que o darmadhatu é teórico, um assunto de fundo puramente teórico?

TRUNGPA RINPOCHE: Não chegaria a dizer que é teórico. Ele quase nem possui um nome. Falar sobre o darmadhatu nos torna mais autoconscientes. Então darmadhatu se torna autoconsciente, ou melhor, inventar palavras sobre o darmadhatu o torna mais autoconsciente do nosso ponto de vista.

---

5   Isso não contradiz a descrição de Trungpa Rinpoche, no corpo principal desta palestra, do darmakaya como incondicionado. Apesar de condicionado por um sentido de gravidez, o darmakaya, como ele já nos disse, também permanece inalterado por qualquer conteúdo, assim permitindo a contínua possibilidade de um lampejo da mente incondicional. Veja também a resposta de Rinpoche sobre a questão a respeito de carma e darmakaya, no capítulo "Destemor", página 138.

Aluno: A experiência do darmadhatu é diferente da experiência de darmakaya?
Trungpa Rinpoche: Sim. O darmadhatu não é experiência nenhuma.

Aluno: E este é o espaço onde os kayas...
Trungpa Rinpoche: Se apresentam, sim. Darmakaya já é experiência. Referimo-nos ao darmakaya em tibetano como *tangpo sangye*, que significa "Buda Primordial", o buda que nunca se tornou um buda através da prática, mas que é a realização instantânea. Essa é a não dualidade do darmakaya. Ao passo que o darmadhatu é uma total acomodação de certo tipo que não tem, absolutamente, entidade própria.

Veja, o darmakaya é, por assim dizer, um tipo de credencial. Alguém tem que ter uma credencial de algum tipo para ser o darmakaya. É por isso que está grávido. Mas esse sentido de credencial não deveria ser considerado de uma forma pejorativa ou negativa. As coisas emocionantes que ocorrem com o mundo samsárico fazem parte dessa manifestação. O darma em si, como um ensinamento, é parte dele – o ensinamento não existiria a não ser que houvesse alguém para ensinar. É esse tipo de situação.

Aluno: O que Padmasambhava tem a ver com o darmadhatu?
Trungpa Rinpoche: Nada.

Aluno: Bem, então, qual é a diferença entre o sentido de possibilidade no darmakaya, o sentido de uma situação grávida, e a expectativa no sentido budista negativo de desejo, de buscar algo? Em outras palavras, você falou do darmakaya como um sentido de possibilidade, como se bebesse o seu chá antes mesmo de bebê-lo. Como isso difere de querer uma xícara de chá de maneira apegada?

Trungpa Rinpoche: Não há diferença alguma. Se olhamos para o apego diretamente, na verdade, ele é bem espaçoso. Mas o consideramos como um problema para nós mesmos. É por isso que se torna um problema. Mas o apego como ele realmente é, na verdade, é bem espaçoso. É uma questão vazia. Muito espaçosa. Isso é o próprio darmakaya.

Aluno: Há um instante do estágio do darmakaya que o leva além da sensação de potencial ou gravidez, até o ponto em que já se está de fato movendo na direção de se tornar algo?

Trungpa Rinpoche: Já há um instante, porque há experiência. O instante começa quando você considera a experiência como algo experienci*ável*. O instante já está ali, assim o darmakaya é parte daquela energia. Por isso todos os três kayas estão ligados com a energia. Há uma energia mais transparente, a energia do movimento e a energia da manifestação. Esses três kayas estão todos incluídos nessa energia. É por isso que são chamados de kayas.

Aluno: Parece que, dentro do espaço grávido do darmakaya, já existem também sambogakaya e nirmanakaya.

Trungpa Rinpoche: Sim.

Aluno: Parece que, em nossa jornada do darmakaya ao nirmanakaya, se a manifestação vai acabar sendo algo samsárica e o darmakaya está sempre grávido dela, há um fator samsárico que já é parte do darmakaya. Por exemplo, se já temos a xícara de chá antes de realmente bebê-lo, há todos os condicionamentos de experiências de tomar chá anteriores, que determinam aquela experiência.

Trungpa Rinpoche: Veja, o ponto aqui, quando falamos de Padmasambhava, é que ele é o princípio do Trikaya, que é feito de uma combinação de samsara e nirvana ao mesmo tempo. Assim, quaisquer condições e condicionamentos são válidos. Nesse ponto, samsara e nirvana são uma coisa só em termos da experiência. Nesse contexto, o que importa para nós é que é apenas energia livre. Não é nem condicionada nem incondicionada, mas, pelo contrário, a sua própria existência é absoluta a seu modo. Assim, não precisamos tentar validá-la nos convencendo de que não há nada de samsárico quanto a ela. Sem ele [o elemento samsárico], não haveria nada com que ficar louco. Isso *é* louca sabedoria, entenda.

Aluno: Qual é o papel do nirmanakaya?
Trungpa Rinpoche: A sensação de nos relacionarmos com o chá como um objeto externo, que é como cortar o cordão umbilical. Relacionar-se com o chá como se ele tivesse uma natureza de chá externa é o nirmanakaya. Mas isso não significa necessariamente fazer isso de forma física. Ao contrário, há três tipos de solidificação da experiência relacionada ao chá, três estados de ser da mente.

Aluno: Então o nirmanakaya é um tipo de "natureza".
Trungpa Rinpoche: Sim, é a natureza da xícara, a natureza do bule e a natureza do chá.

Aluno: Então o que é o sambogakaya?
Trungpa Rinpoche: O sambogakaya é uma sensação de ligeira separação, em contraposição à ideia de tomar chá. Ainda há uma transição ocorrendo.

Aluno: Tenho a sensação de que, ao experimentar a natureza do bule e a natureza da xícara, elas se tornam completamente alienadas do processo de nascimento como um todo, separadas do processo que lhes deu à luz em primeiro lugar?

Trungpa Rinpoche: Isso já aconteceu. Uma vez que você esteja grávido, já é uma afirmação de separação, e, quando você dá à luz, é uma expressão ainda mais adiantada de separação; a afirmação final é quando se corta o cordão umbilical, esse sendo o estado final de separação.

Aluno: E aceitamos essa separação completamente?

Trungpa Rinpoche: Sim. De outra forma, isso se torna muito confuso em termos de sua associação com o nirvana, ou como você queira chamar – "sanidade", "nirvana".

Aluno: Não vejo como isso se relaciona com a ausência de esperança. Digo, não entendo como essas duas palestras se interligam.

Trungpa Rinpoche: Bem, a ausência de esperança surge do fato de que esse processo que estamos descrevendo não nos dá nenhum tipo de conforto. Podemos dizer que o darmakaya existe, que o sambogakaya existe, que o nirmanakaya existe, e que cada um tem suas funções. Mas e daí? Ainda não há receita alguma sobre como obter felicidade. Nesse momento, não nos referimos a como produzir felicidade em nossas vidas, ou bondade, ou conforto, ou qualquer coisa desse tipo. Continua sendo uma situação sem esperança.

Sendo realistas, mesmo que se conheça o darmakaya, o sambogakaya, e o nirmanakaya de trás para frente, o que isso nos diz? Apenas entenderemos o princípio de energia, e a independência e potência da energia. Mas, fora isso, não há remédio algum. É totalmente sem esperança.

Aluno: Rinpoche, ver as coisas como elas são ainda é algo que ocorre no âmbito da experiência?

Trungpa Rinpoche: Sim, podemos dizer que ver as coisas como elas são não é bem louco o suficiente.

Aluno: Rinpoche, você tem descrito o movimento do darmakaya ao sambogakaya e deste ao nirmanakaya como um movimento da energia externando-se. Esse processo poderia ser revertido? A energia também vai do nirmanakaya para o sambogakaya e daí para o darmakaya?

Trungpa Rinpoche: Isso também acontece o tempo todo. É algo como reciclar a si próprio. Não é nada especial.

Aluno: Você disse que nós poderíamos escolher entre a iluminação súbita ou a gradual.

Trungpa Rinpoche: Sim.

Aluno: Ainda assim, a ausência de esperança segue presente o tempo todo.

Trungpa Rinpoche: Sim.

Aluno: Bem, então o que podemos fazer?

Trungpa Rinpoche: Há um velho ditado que diz que o caminho é o resultado e o resultado é o caminho. Faz-se a jornada, chega-se ao destino e chegar ao destino nos faz perguntar: e agora, como continuar? Dessa forma, cada conquista se torna o caminho. Particularmente, do ponto de vista tântrico, não se alcança nada a não ser caminho. A descoberta do caminho é a conquista. Entende o que digo?

Aluno: Bem, mas o que há de repentino a respeito disso?

Trungpa Rinpoche: É sempre repentino.

Aluno: O tempo todo?
Trungpa Rinpoche: O tempo todo, sim. Até que você desista do caminho – e da conquista –, ainda há iluminação repentina ocorrendo o tempo todo. Assim, a única descoberta repentina *final* é que você tem de desistir da descoberta repentina. Isso é muito chocante. E bem repentino.

Aluno: Mas você está dizendo que esse *flash* repentino que acontece o tempo todo é diferente do caminho gradual?
Trungpa Rinpoche: Sim, completamente. A natureza do caminho gradual, desse ponto de vista, se posso colocar assim, é que ele considera a conquista como conquista e o caminho como doutrina. E o caminho repentino considera o caminho como a conquista e a conquista como o caminho. Não há espaço para a doutrina. É apenas uma questão de experiência pessoal o tempo todo. Se você tivesse de dar uma definição ao estilo do dicionário Oxford para a diferença entre iluminação gradual e instantânea, ela seria assim.

Aluno: Rinpoche, esse processo de solidificação do darmakaya até o nirmanakaya e a atitude quanto a eles também se aplicam, em um nível psicológico, ao processo de projeção – de suas projeções se tornarem mais sólidas bem como sua atitude quanto a elas?
Trungpa Rinpoche: Naturalmente. A existência dos três kayas como um todo é um tipo de projeção no qual se fabrica as projeções. Em outras palavras, a própria existência do darma é em si uma projeção. Tanto a sanidade quanto a insanidade são projeções. E já que tudo é feito desse jeito, a coisa toda se torna projeção e possui solidez ao mesmo tempo.

Aluno: Não sei se entendi bem a história do homem que cultuava Padmasambhava com muitos mantras e recitações. Esse tipo de prática devocional é apenas perda de tempo? Ou há algum valor nela?

TRUNGPA RINPOCHE: Bem, de certa forma, as duas respostas são idênticas. De forma a entender o valor do tempo, para começar, é preciso perder tempo. Perder tempo é parte de começar a valorizar o tempo.

ALUNO: Então ele estava perdendo tempo.

TRUNGPA RINPOCHE: Mas ele entendeu algo ao fazer isso. Ao perder tempo, ele finalmente percebeu que estava perdendo tempo.

ALUNO: Isso é tudo o que estava acontecendo?

TRUNGPA RINPOCHE: Sim.

ALUNO: Isso não me parece perda de tempo.

TRUNGPA RINPOCHE: Isso é com você. É o que estou dizendo.

ALUNO: Quando se diz que a jornada nunca precisaria ter sido feita, é realmente isso que se está querendo dizer? Então não temos de fazer a viagem?

TRUNGPA RINPOCHE: Mas assim não se sabe o que é a viagem.

ALUNO: Então precisamos saber o que ela é?

TRUNGPA RINPOCHE: Para perceber que nunca teria sido necessária – é uma rede sem furos.

ALUNO: Há algum tipo de determinismo envolvido no darmakaya? Há algum tipo de inevitabilidade na progressão do darmakaya para o sambogakaya, e deste para o nirmanakaya?

TRUNGPA RINPOCHE: Acho que, provavelmente, o único determinismo da parte do darmakaya é a autoconsciência de sua existência, de sua própria gravidez. E essa é a primeira expressão do dualismo.

Aluno: Qual é a relação entre os três kayas e o cemitério a céu aberto que você mencionou? Há alguma relação?
Trungpa Rinpoche: Cada vez que se desenvolve uma manifestação, suas próprias coisas são criadas – logo de início. O darmakaya cria a sua própria existência e também o seu ambiente. O ambiente é o cemitério a céu aberto – um local para dissolver, um local para manifestar.

Aluno: Não vejo uma grande diferença entre o sambogakaya e o nirmanakaya. O darmakaya parece ter *status* de mãe, por assim dizer, e o sambogakaya parece ser como dar à luz – enfim, sua primeira expressão. Mas não percebo onde entra o passo final do sambogakaya ao nirmanakaya. Parece-me que ambos representam alguma espécie de conclusão.
Trungpa Rinpoche: Bem, pode-se dizer que o sambogakaya é reconhecer a energia e o nirmanakaya é executar, como na analogia de cortar o cordão umbilical. Fora isso, não há diferença.
Aluno: Mas você também disse que o sambogakaya era semelhante a dar à luz. Isso também parece bem final.
Trungpa Rinpoche: O sambogakaya é reconhecer a energia no sentido de receptividade da realidade. É reconhecer que suas projeções são separadas, definitivamente separadas; e então o que você faz com a separação, com suas projeções, é o nirmanakaya. O nirmanakaya poderia ser descrito como o assunto doméstico de como lidar com o seu problema na pia da cozinha, enquanto o sambogakaya é como se casar para então começar a criação do problema na pia da cozinha. E o darmakaya é como

cortejar – contém todas essas possibilidades, já está preenchido com todos esses tipos de possibilidades.

Aluno: Pensei que você havia dito que, percebido no contexto do eu, esse processo do Trikaya seria samsárico, enquanto, no contexto do darmadhatu, ele seria nirvânico.
Trungpa Rinpoche: Nunca discutimos o seu aspecto nirvânico porque, para começo de conversa, isso fica muito idealista. E no fim fica muito impreciso, porque nunca o percebemos. Assim, neste momento, estamos falando da iluminação do ponto de vista samsárico.

Aluno: Por que não o percebemos?
Trungpa Rinpoche: Ainda queremos ter respostas e conclusões, que, por sua vez, são uma experiência de separatividade, que é samsárica. Queremos lógica e a lógica depende da mente samsárica.

Aluno: Parece que esse processo dos três kayas é uma perspectiva diferente do mesmo processo nos doze elos e nos seis reinos, e nos diferentes estados do *bardo*. É isso mesmo?
Trungpa Rinpoche: É a mesma coisa.

3

Destemor

Já havendo discutido o princípio dos três kayas como preparação, podemos agora considerar Padmasambhava como um representante da louca sabedoria, em contraposição a uma outra manifestação qualquer de um vidyadhara. Podemos dizer que, no caso de Padmasambhava, a qualidade peculiar de louca sabedoria é a iluminação instantânea. Os oito aspectos de Padmasambhava não são um processo linear. São um processo simultâneo. De fato, a expressão tradicional é "oito nomes" de Padmasambhava e não "oito aspectos".

O que é esse elemento "nome"? Porque é dito "nome" e não "aspecto"? Quando nos referimos a aspectos, geralmente estamos nos referindo a diferenças no plano fundamental do ser. Falando de um homem, podemos falar de seu aspecto "pai", de seu aspecto "professor" e de seu aspecto "homem de negócios". Nesse uso comum, temos a ideia de uma mudança que ocorre nos diferentes papéis. Essa ideia usual de diferentes aspectos – que implicaria que Padmasambhava se transforma, penetra partes diferentes de seu ser ou manifesta diferentes expressões – não se aplica a Padmasambhava. Pelo contrário, o fato de ele ter diferentes nomes está ligado às atitudes dos alunos e de outros seres quanto a ele. Os diferentes nomes têm a ver com as diferentes formas pelas quais as pessoas percebiam Padmasambhava e não com uma mudança que dissesse respeito a ele mesmo. Assim "nome" é usado aqui no sentido de título. A sentença tibetana é *guru tsen gye*, "os oito nomes do guru". *Tsen* é a palavra honorífica tibetana para "nome". Algumas pessoas podem ver Padmasambhava como paternal, outras como fraternal e outras ainda podem vê-lo como um inimigo. As visões impostas pelas formas como as outras pessoas o veem são a base para os oito nomes de Padmasambhava. Ainda assim, a sua manifestação única é a louca sabedoria.

Uma descrição para a pessoa de louca sabedoria encontrada nas escrituras é: "Ele subjuga o que precisar ser subjugado e destrói o que precisar ser destruído." Nesse contexto, a ideia é de que não importa quais sejam as exigências de sua neurose, quando você se relaciona com uma pessoa de louca sabedoria, você é golpeado de volta por essas mesmas exigências. A louca sabedoria concede a reflexão de um espelho. É por isso que a louca sabedoria de Padmasambhava é universal. A louca sabedoria não conhece nenhuma limitação ou lógica quanto à forma que toma. Se você é feio, o espelho não lhe fará concessões. Não faz sentido culpar ou quebrar o espelho. Quanto mais você quebra o espelho, mais os reflexos de seu rosto se multiplicam em pequenos cacos. Assim, a natureza da sabedoria de Padmasambhava é que ela não conhece nenhum tipo de limitação e não faz concessões.

O primeiro aspecto de Padmasambhava é chamado de *Pema Gyalpo* ou, em sânscrito, *Padma Raja*. Padma Raja nasceu na região dos Himalaias, entre a Índia e o Afeganistão, em um lugar chamado Uddiyana, que agora é chamado de Swat. Era um local muito belo, cercado por montanhas nevadas. A área toda lembrava um parque artificial. Lagos e brotos de lótus decoravam o local, o ar era fresco, o clima ideal. Um dos lagos era chamado de Dhanakosha, ou lago Sindhu. Era coberto de folhas e pétalas de lótus. Um lótus em particular era extraordinariamente grande e não seguia o padrão sazonal das flores. Ele apareceu no início do Ano do Macaco e seguiu crescendo durante todas as estações. O inverno chegou, deu-se a primavera, o outono passou e o verão aconteceu, e o lótus nunca abria. Enfim, no décimo dia do décimo mês do Ano do Macaco, o lótus abriu. Na flor, uma bela criança, sentada no pistilo. Ela tinha a aparência de oito anos de idade. Tinha um ar digno e cheio de curiosidade. As abelhas e os pássaros se reuniam em torno daquela bela criança, prestando-lhe louvores. Um som de música era ouvido sem que ninguém tocasse. O local inteiro era permeado por uma sensação de integridade, saúde e mistério.

A criança tinha a aparência de um príncipe muito bem cuidado. Como seria possível algo assim? Ele não tinha medo e parecia estar maravilhado pelo ambiente, constantemente fascinado pelo mundo exterior.

Assim foi o nascimento de Padmasambhava.

O ponto aqui é a qualidade infantil de Padmasambhava. Ele era um bebê envelhecido – isso é uma contradição, é claro. Era um belo bebê crescido, um bebê que não bebia leite ou comia qualquer outra coisa, mas que vivia de ar rarefeito. É por causa dessa juventude que ele é conhecido como Padma Raja, "Príncipe do Lótus".

Também possuímos esse elemento de juventude. Temos essa bela qualidade infantil em nós. A experiência que acontece em nosso cotidiano é como a lama que cerca as raízes de um lótus no fundo de um lago. Há desejo, paixão, agressão, neuroses de todos os tipos. Ainda assim, de todas essas coisas, sempre surge algo refrescante: surge a nossa qualidade infantil, completamente jovem, curiosa.

A curiosidade do nosso aspecto infantil não é neuroticamente curiosa, mas fundamentalmente curiosa. Já que queremos explorar a profundidade da dor, já que queremos explorar o calor da alegria, fazer essas coisas parece natural. Essa qualidade de Padmasambhava está presente em nós. Podemos chamá-la de natureza de buda ou iluminação básica. Podemos achar legal pegar um brinquedo, segurá-lo, explorá-lo, deixá-lo cair, arrastá-lo por aí, vê-lo quebrar, desparafusá-lo e remontá-lo.

Sempre fazemos isso, exatamente como uma criança. A qualidade infantil é a qualidade da iluminação.

Quando as pessoas falam em iluminação, geralmente têm uma ideia de alguém velho e sábio. Uma pessoa iluminada, elas pensam, é alguém que envelheceu com a experiência e assim se tornou sábio, de fato erudito. Ele colecionou centenas de milhares de pedaços de informação. Isso o torna velho e sábio, confiável e bom – iluminado. Mas, do ponto de vista da louca sabedoria, a iluminação é totalmente diferente disso. Não tem particularmente nada a ver com sermos velhos e sábios. É mais como ser jovem e sábio, pois tem tremenda abertura quanto a explorar as experiências que ocorrem na vida – na direção de explorá-las psicologicamente, no nível dos relacionamentos, no nível doméstico, no nível prático, no nível filosófico e assim por diante.

Há também uma qualidade de destemor na iluminação: não considerar o mundo como um inimigo, não sentir que o mundo vai nos atacar se não tomarmos conta de nós mesmos. Em vez disso, há tremendo deleite em explorar o fio da lâmina, como uma criança que por acaso pega uma faca afiada coberta de mel. Ela começa a lambê-la e encontra, ao mesmo tempo, o sabor doce do mel e o gosto de sangue da língua cortada. A exploração de dor e prazer simultâneos é válida, do ponto de vista da sanidade da louca sabedoria. Essa [curiosidade natural] é a qualidade de príncipe jovial de Padmasambhava. É a epítome de não se importar tanto, mas, ao mesmo tempo, se importar demais – ter vontade de explorar e aprender.

A palavra "aprender" provavelmente está incorreta nesse contexto. Não é aprender no sentido de acumular informações. Em vez disso, é absorver o que está acontecendo ao nosso redor, constantemente se relacionar com essas coisas. Nesse tipo de aprendizado, não aprendemos de forma a, no futuro, talvez poder utilizar as informações para nos defender. Aprendemos as coisas porque são gostosas de aprender, fantásticas de aprender. É como uma criança brincando. As crianças descobrem brinquedos por toda parte: não são brinquedos educacionais, apenas coisas que estão por aí.

Padmasambhava nasceu de um lótus sem os pais, por não precisar ser educado. Não precisava de pais para lhe ensinar como ser um adulto responsável. Diz-se que nasceu de um lótus como se já tivesse oito anos de idade. Mas podemos igualmente dizer que ele nasceu do lótus como já tendo oitenta anos de idade. Não há limite etário. Qualquer que fosse a sua idade, ele ainda seria um pequeno bebê, ou digamos, um bebê velho. É a mesma coisa.

Um dos pontos mais importantes nesse contexto é um senso de exploração do nosso estado de ser que é independente de educação e de coletar informações. Exploramos apenas porque estamos encantados, como crianças brincando. Essa qualidade infantil está sempre presente em nós, constantemente. Essa é a qualidade de Padmasambhava.

Além disso, essa qualidade também contém destemor. O problema que temos com o destemor é que a nossa forma samsárica de nos aproximarmos das coisas nos impede de explorar livremente. Apesar de ansiarmos tremendamente por isso, pensamos que, se explorarmos demais, vamos nos machucar. Isso é medo. A qualidade infantil de Padmasambhava é destemida, ele não está preocupado com se machucar. Não é que seja sádico ou masoquista. Apenas tem um sentido de apreciação, um senso de completa abertura ao se relacionar com as coisas – simplesmente, diretamente. Não se relaciona com as coisas por serem educacionais, mas simplesmente porque se apresentam. O relacionamento apenas acontece e se desenvolve.

O jovem príncipe nascido de um lótus foi descoberto por Indrabhuti, o rei de Uddiyana. Por um longo tempo, o rei Indrabhuti havia rezado por um filho, mas não conseguira uma prole. Certo dia, um de seus criados foi ao lago Dhanakosha colher flores para o palácio e descobriu um lótus misterioso. Ele havia desabrochado, e uma criança jovem e divertida, inquisitiva e bela, encontrava-se sentada nele. O criado relatou isso ao rei, que decidiu que a criança fosse levada à corte e que fosse adotada como seu filho, o futuro rei.

Padmasambhava explorou as situações prazerosas no palácio real. Depois de algum tempo, começou a se entediar com todos aqueles muitos tipos de comida, riqueza e conforto. Indrabhuti decidiu arranjar um casamento para Padmasambhava com a filha de um rei vizinho, de forma que tivesse uma amiguinha. O casamento aconteceu e Padmasambhava continuou a explorar as coisas. Ele explorou a sexualidade, o companheirismo, a comida, a riqueza, e assim por diante.

Uma coisa que eu gostaria de deixar completamente clara é que essa situação não era apenas uma questão de Padmasambhava ter de crescer ou ganhar informação sobre a vida. O fato de Padmasambhava se tornar um príncipe – e mesmo o fato de nascer de um lótus – não era sua "viagem", mas a "viagem" de Indrabhuti. Era a versão que Indrabhuti fazia de Padmasambhava que achava que este tinha que receber comida e roupas e a companhia de mulheres. Então, Padmasambhava acabou com toda aquela hospitalidade ao dançar no telhado do palácio segurando um tridente e um *vajra*. Dançou e, como que por acidente, largou os dois cetros, que caíram no chão. O tridente perfurou o coração da esposa de um ministro que passava ali e o *vajra* caiu no crânio de seu filho. Os dois morreram instantaneamente.

O que vocês pensam que aconteceu depois disso? Padmasambhava foi expulso do reino. Seu ato foi contra a lei. Assassinos não são permitidos em um reino. Tudo naquele reino era feito corretamente, de acordo com a lei, e por isso mesmo essa criança misteriosa nascida de uma flor de lótus precisava ser expulsa – e, de fato, era exatamente isso que Padmasambhava queria. Ele queria ir além daquela situação para continuar explorações de todos os tipos.

É evidente que nós, enquanto alunos, não necessariamente temos de seguir o estilo de Padmasambhava ao pé da letra. Não precisamos seguir todos esses processos que ele seguiu. De fato, isso seria impossível – nossa situação não permitiria. Ainda assim, seu exemplo de explorar a paixão e a agressão é muito, muito interessante – um bom exemplo com que se relacionar, um bom exemplo a explorar. Porém, ser capaz de explorar depende do destemor. O grau de destemor seria, por assim dizer, o velocímetro de nossa sanidade [isto é, o indicador de até onde podemos ir]. O estado desperto da mente está brilhando por todas essas coisas [e na medida em que brilha, prosseguimos]. Como dizem as escrituras, uma pessoa comum não deveria agir como iogue. Um iogue não deveria agir como bodisatva, um bodisatva não deveria agir como siddha e um siddha não deveria agir como buda. Se formos além do nosso limite, se decidirmos enlouquecer e simplesmente pirar, nos machucaremos. Receberemos um retorno: um aviso muito potente chegará. Se vamos além do nosso limite, tudo se torna destrutivo.

Assim, a ideia de louca sabedoria não é apenas enlouquecer e "sair da casinha". Em vez disso, é se relacionar com o medo. O quanto se explora depende de com quanto medo fundamental já nos relacionamos – e eu não diria "conquistamos". Se agimos de acordo com o quanto de medo fundamental já nos relacionamos, então, não vamos além de nossas limitações.

Assim, estranhamente, podemos dizer que a louca sabedoria é

muito tímida ou covarde. A covardia gera louca sabedoria. A discrição é a melhor parte da coragem.

A louca sabedoria não é como as outras noções de caminho de que já ouvimos falar em outras ocasiões. Por exemplo, no caminho do bodisatva, envelhece-se ou cresce-se do primeiro bhumi para o segundo, segue-se até o décimo e, finalmente, no décimo primeiro está o estado iluminado. O ensinamento que diz respeito ao caminho do bodisatva é baseado em envelhecer, crescer, ganhar cada vez mais experiência. Coleta-se uma *paramita* após a outra. Ganha-se informação, compreensão e, ao se fazer mais e mais elevado, torna-se um grande erudito ou um grande buda, de certa forma. Mas, com relação ao exemplo de Padmasambhava, não há noção de realização e iluminação surgindo pelo acumular de coisas, de experiências. O estilo de Padmasambhava trata-se de meramente experimentar de forma pura as situações da vida, como uma criança espontaneamente existente e ansiando permanecer para sempre criança. Um dos termos desenvolvidos para esse princípio na tradição Maha Ati é *shönu pum ku*, "o príncipe jovem no vaso".

O vaso representa uma situação embrionária – embrionária, mas ao mesmo tempo jovial. Quebrar o vaso é reverter o princípio dos três *kayas*. O darmakaya está conquistado; quando o vaso se quebra, vai-se até o sambogakaya e o nirmanakaya; retorna-se à terra. Um processo parecido é simbolizado pelas figuras Zen que representam o boiadeiro. Depois do ponto em que não há nem boi nem boiadeiro, retorna-se ao mundo.

Assim, nesse contexto, o principal foco é a juventude do estado iluminado de ser. Essa juventude é o imediatismo da experiência, a sua qualidade exploratória.

"Mas explorar não nos envelheceria?", podemos nos perguntar.

Precisamos colocar muita energia na exploração. Não nos tornamos um viajante que envelhece, ao viajar? Do ponto de vista da louca sabedoria, não é esse o caso. Explorar não envolve esforço. Podemos ter que fazer a mesma coisa repetidas vezes, mas a cada vez descobrimos novas facetas e isso nos faz jovens.

A descoberta está relacionada com a energia que nos alimenta constantemente. Ela traz para a sua vida um estado muito completo, saudável. Cada vez que se explora, revigora-se. Constantemente, retornamos a uma sensação de estar completamente em dia com nossa experiência de mundo, com a vida. Assim, a coisa toda se torna um rejuvenescimento constante.

Aluno: O "príncipe no vaso" já tem a qualidade darmakaya. Quando se quebra o vaso, isso começa o movimento de volta a nirmanakaya?
Trungpa Rinpoche: Sim. É reverter o Trikaya.

Aluno: Padmasambhava já nasceu como darmakaya?
Trungpa Rinpoche: Sim. Então ele segue até a terra. A gravidade que o puxa é a compaixão. Uma vez que se é darmakaya, não se pode simplesmente permanecer ali. Retorna-se ao mundo através do sambogakaya e do nirmanakaya.

Aluno: Encontrei a metáfora que você usou de lamber o mel do fio da lâmina em *The life and teachings of Naropa* [*A vida e os ensinamentos de Naropa*].[6] Ali, essa metáfora aparece ligada às Quatro Nobres Verdades, isto é, retrata o sofrimento que devia ser evitado ou que uma pessoa

---

6   TRUNGPA, Chögyam. *The life and teachings of Naropa*. Oxford: Oxford University Press, 1963.

iluminada deveria evitar ao reconhecê-lo. Nesse contexto, o uso dessa metáfora implica que, do ponto de vista de Padmasambhava, as Quatro Nobres Verdades não são mais verdadeiras?

Trungpa Rinpoche: É uma forma diferente de focar as Verdades – ou não exatamente diferente, mas autêntica, podemos dizer. Nesse contexto, o sofrimento não é considerado algo que se deve evitar ou abandonar – pelo contrário, deve ser considerado uma Verdade. Entende o que digo?

Aluno: É o que se vivencia.

Trungpa Rinpoche: É o que se prova, sim, enquanto se explora as sutilezas de tudo, como faria uma criança.

Aluno: Essa exploração precisa ser dolorosa?

Trungpa Rinpoche: Nesse ponto, a dor é arbitrária. As experiências não são consideradas particularmente dolorosas ou prazerosas. Elas apenas são.

Aluno: Você disse que a criança era destemida. E então você disse que a covardia é o caminho. Essas duas coisas não são contraditórias?

Trungpa Rinpoche: Nesse momento, elas querem dizer a mesma coisa. Você é destemido porque não ultrapassa certas limitações, é destemido "como você é" e, portanto, você é ao mesmo tempo um covarde. Não sei se estou sendo claro.

Aluno: Tenho a mesma questão. Quando você nos diz "isso é com você", parece que temos uma escolha com relação a quais seriam as nossas limitações, quase como se as criássemos.

Trungpa Rinpoche: Não vejo por que não, afinal, as suas limitações são suas limitações.

ALUNO: Elas não parecem minhas limitações. Elas são algo que descubro enquanto prossigo.

TRUNGPA RINPOCHE: Bem, você teve de descobri-las, portanto, você as criou enquanto prosseguia.

ALUNO: Você quer dizer que, se eu quisesse, poderia descobrir outras limitações e não essas?
TRUNGPA RINPOCHE: Exatamente! Esse é o ponto.

ALUNO: Qual é a finalidade de ir além delas? Você pareceu dizer que a louca sabedoria nos desencorajava a ir além delas.
TRUNGPA RINPOCHE: Sim.

ALUNO: Ir além delas seria como ir a algum reino de terror absoluto ou algo do tipo?
TRUNGPA RINPOCHE: Bem, isso é muito simples – coisa de jardim de infância. Ir além das suas limitações é inventar, não realmente ir além das suas limitações. É criar um mundo de sonhos.

ALUNO: Você está fazendo uma distinção entre as limitações criadas e as mais reais?
TRUNGPA RINPOCHE: Certamente.

ALUNO: E você não deveria tentar ir além das mais reais?
TRUNGPA RINPOCHE: Não se conseguiria, de qualquer forma. Elas são reais. Não se consegue. Não se consegue se relacionar com elas. É ir além da própria força.

Aluno: Então não há perigo de ir além das limitações naturais?
Trungpa Rinpoche: Bem, tendemos a explorá-las frequentemente.

Aluno: Então qual é a diferença entre explorá-las e ir além delas?
Trungpa Rinpoche: A diferença é que, se vamos além das próprias limitações, nos machucamos. Recebemos um aviso.

Aluno: Como o destemor se aplica a essa situação?
Trungpa Rinpoche: Veja, o ponto é que nem sequer confiamos em nossas habilidades. Geralmente, não confiamos. É aí que o destemor seria bem importante – em explorar o âmbito completo da força disponível. Mas ir além disso seria frívolo – se o fazemos, estamos sujeitos a ser destruídos. Assim, o destemor não é uma questão de fazer algo extravagante fora de nosso campo, mas de explorar a completa amplitude da própria força.

Aluno: O que impediria uma pessoa destemida de ir além de sua força?
Trungpa Rinpoche: Alguma mensagem chegará a essa pessoa.

Aluno: Isso realmente preveniria uma pessoa que é destemida de ir além disso, de explorar tudo?
Trungpa Rinpoche: O destemor é ainda uma situação condicionada – uma pessoa assim não seria destemida perante tudo.

Aluno: Esse é o uso da covardia como inteligência?
Trungpa Rinpoche: Sim.

Aluno: Essa é a parte de sabedoria da louca sabedoria?

Trungpa Rinpoche: Algo assim. Se consideramos a louca sabedoria como apenas sendo completamente ultrajante, isso não é particularmente bom ou saudável. Estamos nos expondo à destruição. Essa é a ideia usual das pessoas, entende: para enlouquecer, é só passar dos limites.

Aluno: Parece que essas limitações pressupõem uma fronteira que é independente de nós mesmos – uma estrutura de fronteiras lá fora, através das quais a pessoa realmente não poderia se aventurar.

Trungpa Rinpoche: Não é bem assim. Depende do nosso relacionamento com essa estrutura.

Aluno: A mensagem que tiro disso tudo é que deveríamos estar cientes de nossas próprias limitações para não irmos além delas e não nos machucarmos.

Trungpa Rinpoche: Não é bem isso. É uma questão de ser cuidadoso.

Aluno: Como se sabe quando se está sendo cuidadoso? Esse parece ser o ponto. Como se sabe quando retroceder e quando avançar?

Trungpa Rinpoche: É preciso se relacionar com o que está acontecendo no processo como um todo. Quando se começa a perceber uma atitude de autoilusão do tipo "talvez eu pudesse fazer melhor do que isso", já se começou a desenvolver medo porque, na verdade, ainda não se esteve naquela área antes. Um aviso surge da sensação de autoengano.

Aluno: Como nos conscientizamos desse engano?

Trungpa Rinpoche: É muito óbvio. Somente nós mesmos nos conhecemos. Somos a pessoa mais próxima de nós mesmos que temos. Sabemos quando estamos nos enganando e quando não estamos. Não há necessidade de uma demonstração para isso. É algo compreendido entre você e você mesmo.

Aluno: Talvez um professor seja muito útil para nos encorajar em certas áreas.
Trungpa Rinpoche: As áreas já estão aí. A possibilidade de redescobrir forças e habilidades já está presente. Os professores não podem nos seguir, viver conosco, dormir conosco o tempo todo. O professor não pode estar sempre presente para nos guiar, é o autoengano que nos guia o tempo todo.

Aluno: O carma começa a se formar no darmakaya?
Trungpa Rinpoche: Nesse ponto encontramos diferentes opiniões filosóficas de diferentes escolas. Algumas pessoas dizem que nenhum carma se desenvolve nesse momento e algumas dizem que há carma no darmakaya, porque o darmakaya é também uma entidade separada e tem uma inclinação na direção do nirvana. Longchen Rabjam, o grande professor Maha Ati, diria que o carma já se desenvolveu – assim, a nossa escola diria que o carma já se desenvolveu no nível do darmakaya. O darmakaya nos dá uma ideia de sanidade através da insanidade já presente. Assim, isto em si é uma ação relacional – essa ação já aconteceu. Em outras palavras, a roda do potista do segundo *nidana* já se desenvolveu.

Aluno: Por que Padmasambhava escolhe um meio tão dramático para expressar a sua insatisfação com a vida no palácio? Por que ele tem de jogar um tridente, largar um *vajra*, perfurando um coração e quebrando um crânio? Por que ele apenas não vai embora?
Trungpa Rinpoche: Apenas ir embora parece uma encenação. Para ele,

apenas desaparecer e apenas ser descoberto como desaparecido parece a ação de uma pessoa muito óbvia, uma pessoa que tem medo de se comunicar com qualquer coisa e simplesmente foge. Padmasambhava é muito mais pesado do que isso.

ALUNO: Medo é algo mais do que apenas projeções?
TRUNGPA RINPOCHE: Medo é a mensagem e é também o radar. Geralmente, é uma situação de relacionamento. Não é absoluta. Não é independente do dualismo. Acho que o enfoque do medo segundo a louca sabedoria não é considerá-lo como um mero complexo, mas reconhecer que ele é inteligente. O medo possui uma mensagem própria. Merece respeito. Se desconsideramos o medo como um obstáculo e o ignoramos, terminamos com acidentes. Em outras palavras, o medo é uma mensagem muito sábia.

ALUNO: Minha experiência com o medo é que ele parece ser uma manifestação realmente imponente da confusão. Uma das experiências cotidianas é que ele é como uma mentira e uma armadilha, uma tremenda armadilha de energia. É simplesmente não querer ser pego em meio ao seu impulso.
TRUNGPA RINPOCHE: Bem, veja, o ponto é que você não pode assustar o medo ou ludibriá-lo. É preciso respeitar o medo. Pode-se tentar dizer a si próprio que ele não é real, mas isso é simplesmente falso. Esse tipo de postura é muito questionável. É melhor desenvolver algum tipo de respeito, reconhecer que a neurose também é uma mensagem e não apenas lixo para se jogar fora. Esse é o ponto inicial novamente – reconhecer que o samsara e o nirvana são uma coisa só. O samsara não é considerado apenas uma perturbação, mas tem sua própria mensagem imponente, digna de respeito.

Aluno: Estou longe de largá-lo, mas ao mesmo tempo, não quero centralizá-lo como um foco de atenção, transformá-lo em um mistério. Assim, é um equilíbrio bem fino entre não jogá-lo fora e tentar deixar que ele se vá.
Trungpa Rinpoche: Bem, você já tem a experiência e não precisa questionar o experimentador sobre como lidar diplomaticamente com tudo isso.

Aluno: Não parece haver muita escolha. O medo tem uma força muito grande.
Trungpa Rinpoche: Bem, isso é bom. Dessa forma, não há tempo para pensar ou esquematizar a respeito. Só dê o salto.

Aluno: Há um tipo de medo que é uma ameaça ao ego, quando uma de nossas ilusões se sente ameaçada. Há alguma diferença entre esse tipo de medo e o medo de ir além das próprias limitações reais?
Trungpa Rinpoche: Sim, parece haver uma. Há o medo de não ser capaz de lidar com o que se tem e há também uma sensação de precisar de algo mais do que se tem. A hesitação em lidar com o que já se tem pode ser conquistada com um salto, mas a necessidade de improvisar ainda mais maquinações é um engano.

Aluno: O engano de ir além de suas limitações.
Trungpa Rinpoche: Sim.

Aluno: Você poderia dar um salto sem se preocupar com suas limitações?
Trungpa Rinpoche: Bem, se conseguir, salte. De outro modo não se consegue saltar, de qualquer forma. Se consegue, dê o salto. Então, enquanto salta, você naturalmente volta [ao relacionamento apropria-

do com as limitações]. A não ser que queira dar um salto sensacional. Nesse caso, não precisamos nem saber o que estamos fazendo, nós o fazemos simplesmente porque queremos nos divertir. É como tomar uma overdose.

Aluno: O senso de descoberta de que falou é o mesmo de manter o próprio espaço aberto ou é uma ideia diferente?
Trungpa Rinpoche: Bem, parece ser ela mesma. A descoberta não precisa ser a manifestação de algo. É uma atitude de estar aberto para acomodar o que quer que surja. É quase como sentir a dualidade de algo.

Aluno: Frequentemente, em "viagens" espirituais, particularmente quando elas têm práticas espetaculares, há a tendência de ansiar por engajar-se em uma prática da qual não se sabe nada. Nesse caso, você diria que é uma curiosidade ou uma descoberta saudável?
Trungpa Rinpoche: Não é saudável se você não sabe no que está entrando. Há uma diferença entre explorar o que está ali e explorar o que não está ali. Quando uma criança está brincando com uma lâmina afiada, a lâmina está ali e o mel está na lâmina. Mas se a criança está explorando algo externo, além da extremidade da mesa, não há nada além dela, exceto uma queda. Isso é suicida.

Aluno: Quando consideramos a louca sabedoria, por que um homem se torna como o Louco de Tsang e outro se torna uma pessoa como o seu guru?
Trungpa Rinpoche: Creio que depende apenas da nossa manifestação e da nossa forma de ver as coisas. É uma questão de para o que estamos preparados. Meu guru foi a plateia para o Louco de Tsang e eu fui a pla-

teia para o meu guru. Eu não era tão louco naquele momento, então ele não parecia muito louco para mim. Mas o Louco de Tsang era tão louco quanto ele, porque o meu guru era capaz de se relacionar com aquela loucura.

Nyima Öser

4
Morte e a sensação de experiência

As explorações das situações da vida pelo jovem príncipe estão ligadas a um sentido de eternidade. Explorar as situações da vida é fazer amigos com o mundo e fazer amigos com o mundo consiste em considerar o mundo confiável. [Ele se torna confiável porque] há algo de eterno a seu respeito. Quando falamos de eternidade, não estamos falando da eternidade de uma entidade particular que continua para sempre, como nas crenças filosóficas dos eternalistas. Em nosso caso, a descontinuidade também é uma expressão de eternidade. Mas, antes de discutir a eternidade, talvez seja interessante discutir a morte.

A morte é a experiência desolada na qual os padrões habituais não conseguem continuar como gostaríamos que continuassem. Os padrões habituais param de funcionar. Uma nova força, uma nova energia, se apodera de nós: a natureza da morte, ou da descontinuidade. É impossível enfocar essa continuidade por qualquer ângulo. Essa descontinuidade é algo com o qual não se pode comunicar, porque não é uma força particular que se possa agradar. Não se pode fazer amizade com ela, não é possível enganá-la, não se pode convencê-la de qualquer coisa. É extremamente poderosa e sem compromissos.

O fato de ela não se comprometer também impede expectativas quanto ao futuro. Temos planos – projetos de todos os tipos que gostaríamos de levar em frente. Mesmo que estejamos entediados com a vida, ainda assim gostaríamos de conseguir superar esse tédio. Há esperança constante de que algo melhor surja das experiências dolorosas da vida ou de que possamos descobrir alguma forma nova de expandir as situações prazerosas. Mas a sensação de morte é muito poderosa, muito orgânica, muito real.

Quando se está prestes a morrer, pode ser que os médicos, os parentes ou os amigos mais chegados não contem para a pessoa que ela vai morrer. Eles podem achar difícil comunicar isso. Mas comunicam uma simpatia silenciosa e percebe-se que há algo por trás dela.

No mundo convencional, as pessoas não querem se relacionar com um amigo que está morrendo. Não querem se relacionar com a experiência de morte do amigo como algo pessoal. É um embaraço mútuo, uma tragédia mútua sobre a qual não se quer falar. Se estamos em ambientes menos convencionais, podemos nos aproximar de uma pessoa moribunda e dizer "você está morrendo", mas, ao mesmo tempo, tentar dizer a ela: "No fim das contas, não é algo ruim isso que está acontecendo com você. Você vai ficar bem. Lembre-se daquelas promessas de eternidade que ouviu. Pense em Deus, pense na salvação". Ainda não se quer entrar no cerne do assunto. Estamos tentando encarar a situação, mas ela segue embaraçosa. Mesmo que sejamos corajosos o suficiente para dizer que alguém vai morrer, dizemos algo como: "Mas ainda assim você vai ficar bem. Todos aqui presentes acham que isso é bom e nós lhe amamos. Leve esse amor que sentimos por você e o transforme em algo quando você se for desse mundo, quando você morrer". Essa é a atitude [de esquiva] que temos perante a morte.

A experiência real da morte, como já explicamos, é uma sensação de cessar de existir. A rotina normal da vida cotidiana deixa de funcionar e você se transforma em outra coisa. O impacto básico da experiência é o mesmo, quer você creia no renascimento ou não: é a descontinuidade do que se estava fazendo. Estamos deixando os sócios para trás. Não vamos conseguir terminar de ler aquele livro que estávamos lendo. Não vamos ser capazes de terminar o curso que estávamos frequentando. Pessoas envolvidas com a doutrina do renascimento talvez possam tentar dizer: "Quando você voltar, terminará esse livro. Você voltará para nós. Talvez seja um de nossos filhos. Pense nessas possibilidades". Tendem a dizer coisas como essas e fazer todo tipo de promessas. Fazem promessas sobre estar com Deus ou voltar ao mundo e continuar com as coisas que se deixou para trás.

Nesse tipo de conversa, há algo que não é realmente aberto. Há uma espécie de medo, um medo mútuo, mesmo em meio a crenças de eternidade ou reencarnação. Há medo ou embaraço perante o relacionamento com a morte. A sensação de alguma coisa indesejável permanece, mesmo que se esteja lendo para o amigo um capítulo de *O Livro Tibetano dos Mortos*[7] ou algo do tipo. Podemos dizer a seu amigo: "Apesar de algo terrível estar acontecendo a você, há uma coisa maior. Agora você realmente vai ter a oportunidade de passar por aquelas experiências descritas no *Livro Tibetano dos Mortos*. E nós lhe ajudaremos com isso!". Mas, não interessa o que tentemos, permanece a sensação de que algo simplesmente não vai ficar certo, não interessa que tipo de imagem positiva queiramos passar.

Surpreendentemente, parece que ler *O Livro Tibetano dos Mortos* pela primeira vez é algo muito emocionante para muitas pessoas, particularmente no Ocidente. Pensando a respeito, cheguei à conclusão de que a excitação vem do fato de que estão sendo feitas promessas enormes. A

---

7 FREMANTLE, Francesca; TRUNGPA, Chögyam (Eds). *The tibetan book of the dead: The great liberation through hearing in the bardo by Guru Rinpoche according to Karma Lingpa*, Boulder: Shambhala, 1975. [Edição brasileira: KARMA--LINGPA. *O Livro tibetano dos mortos: a grande libertação mediante audição no Bardo*; tradução para o inglês e comentários de Francesca Fremantle & Chögyam Trungpa. Tradução: Murillo Nunes de Azevedo. Rio de Janeiro: Rocco, 2002.]

fascinação com as promessas feitas n'*O Livro Tibetano dos Mortos* quase ofusca a própria morte. Por um longo tempo, temos buscado uma forma de encobrir as irritações – entre elas, a própria morte. As pessoas ricas gastam muito dinheiro com caixões, com boas roupas para vestir. Pagam por caríssimos sistemas funerais. Tentarão de qualquer jeito impedir o embaraço ligado à morte. É por isso que *O Livro Tibetano dos Mortos* é tão popular e é considerado tão fantástico.

Da mesma forma, as pessoas se sentem muito excitadas e festivas com a ideia de reencarnação. Algumas décadas atrás, quando a ideia de reencarnação foi bastante divulgada pela primeira vez, todos ficaram excitados com ela. Essa é outra forma de ofuscar a morte. "Você vai continuar; você tem débitos cármicos a resgatar e amigos para reencontrar. Talvez você volte como meu filho." Ninguém parou para considerar que se pode voltar como um mosquito, cachorro ou gato de madame.

Esse enfoque particular que estamos discutindo agora quanto à morte é muito estranho, extremamente estranho.

Quando discutimos a descoberta da eternidade por *Vajradhara*, que é o nome do próximo aspecto de Padmasambhava, não estamos olhando para ele como uma vitória sobre a morte ou como um substituto para as irritações da morte ou qualquer coisa do tipo. A eternidade nesse sentido está ligada a uma visão verdadeira dos fatos da vida. A dor existe e o prazer existe. Um aspecto negativo do mundo existe. Ainda assim, é possível se relacionar com ele. Fundamentalmente, desenvolver esse tipo de senso de eternidade é fazer amigos. Podemos considerar certa pessoa um bom amigo a despeito de suas qualidades ameaçadoras. De fato, é por isso mesmo que nos tornamos amigos.

Nesse sentido, relacionar-se com a eternidade é tornar-se um rei da vida, um senhor da vida. E, se o senhor da vida é realmente um senhor, o seu império se estende também até a morte. Assim, o senhor da vida é o senhor da vida e da morte. E esse senhor da vida é conhecido como Vajradhara.

O jovem príncipe, recém-expulso de seu reino, repentinamente decide se adaptar ao ambiente selvagem do cemitério a céu aberto e ao princípio fundamental da eternidade, que é geralmente conhecido como experiência de *Mahamudra*. Nesse contexto, a experiência de Mahamudra é a experiência que se relaciona com a qualidade de nitidez dos fenômenos. Isto é, o cenário do cemitério a céu aberto é real. Há esqueletos, pedaços de corpos, animais selvagens, corvos, lobos e assim por diante.

No cemitério a céu aberto, o jovem príncipe descobre uma nova postura em relação à vida ou ainda uma nova postura em relação à vida o descobre. Podemos dizer que, nesse estágio, Padmasambhava se torna um cidadão respeitável, porque o sentido de eternidade revela indestrutibilidade – indestrutibilidade no sentido de que nada pode ser uma ameaça e nada pode produzir conforto. Esse é o tipo de eternidade a que estamos nos referindo. A morte não é mais considerada uma ameaça. A experiência de morte de Padmasambhava é uma experiência de um dos aspectos da vida. Ele não está preocupado em perpetuar sua personalidade e existência. Podemos dizer que esse enfoque é maior do que o enfoque de um iogue ou de um siddha. É como o enfoque de um buda, já que essas experiências não são consideradas conquistas de qualquer tipo – não são descobertas, vitórias ou formas de vingança. As experiências apenas acontecem e, porque acontecem, Padmasambhava se sintoniza com elas. Assim, Padmasambhava, como Vajradhara, se torna o senhor da vida e da morte, o detentor do vajra, o detentor da energia indestrutível – um Buda Sambogakaya.

A próxima jornada que Padmasambhava faz está ligada ao desejo de explorar todos os tipos de situação de ensinamentos, e ao anseio de se relacionar com os maiores professores daquele tempo e lugar. Ele presta uma visita a um dos professores mais proeminentes da tradição Maha Ati, Shri Simha, que supostamente teria vindo da Tailândia, do Sião, e vivia em uma caverna em outro cemitério a céu aberto. Vajradhara, o aspecto sambogakaya de Padmasambhava, foi até esse mestre e perguntou-lhe como destruir a sensação de experiência. Shri Simha reduziu Padmasambhava a uma sílaba **HUM**, que é penetração. Não se trata de dissolver a experiência ou de considerá-la um engano. Penetra-se na experiência. A experiência é como um recipiente com muitos furos. Isso significa que ela não é capaz de oferecer um abrigo adequado, um conforto adequado. Penetrar ou perpassar é como furar uma rede confortável armada sob uma árvore, [uma vez que você a perfura,] quando você se aproxima dela e tenta sentar nela, descobre que caiu no chão. Essa é a penetração da sílaba-semente **HUM**. Reduzindo Padmasambhava a uma sílaba **HUM**, Shri Simha o engole pela boca e o defeca pelo ânus. Isso equivale a levá-lo de volta à experiência nirmanakaya de ser capaz de penetrar o mundo fenomênico total e completamente, de ser capaz de transmitir uma mensagem ao mundo fenomênico.

Ao destruir o sentido de sobrevivência e atingir a sensação de eternidade, agora Padmasambhava desenvolve um sentido de penetração. (Claro, ele não está realmente desenvolvendo coisa alguma, está apenas passando por essas fases. Estamos contando a história de Padmasambhava de acordo com a construção que temos feito dele, em vez de tentar expressar que ele fez todas estas coisas.) Isso ocorreu quando Padmasambhava se tornou conhecido como o grande iogue que controlava o tempo, que era capaz de controlar o dia e a noite e as quatro estações. Esse aspecto iogue de Padmasambhava é chamado *Nyima Öser*. Nyima Öser penetrava todos os conceitos de tempo, dia e noite, e as quatro estações. Em sua iconografia, ele é visto parando o movimento do Sol, usando os seus raios como se fossem correntes.

Nesse contexto, a ideia não é a de que a conquista de uma experiência sutil pudesse levá-lo a uma absorção tão completa que a vivência das distinções entre dia e noite e as quatro estações cessaria. Pelo contrário, as atitudes conceituais quanto a dia e noite e às quatro estações – ou quanto à dor e ao prazer e todo o resto – são completamente penetradas. Geralmente, o dia e a noite e as quatro estações nos confortam por fornecer a sensação de que estamos nos relacionando com a realidade, com os elementos: "Agora estamos nos relacionando com o verão, agora com o outono, agora com o inverno e enfim com a primavera. Como é bom estar vivo! Como é bom estar na Terra, o melhor lugar para o homem, sua casa! Está ficando tarde, é hora do jantar. É bom começar o dia com um café da manhã reforçado" e assim por diante. Nosso estilo de vida é governado por esses conceitos. Há muitas coisas para fazer enquanto o tempo passa e se relacionar com elas é como se balançar em uma rede, uma cama confortável em pleno ar. Mas Nyima Öser perfurou essa rede. Agora não é mais possível apenas se divertir balançando e tirando uma boa soneca em pleno ar. Essa é a qualidade de penetração nesse contexto.

ALUNO: Você está tirando uma soneca confortável nessa rede e então penetra a aparência confortável dessa mesma rede. Como isso o coloca? De pé?

TRUNGPA RINPOCHE: Você se descobre no chão.

ALUNO: Mas de alguma forma isso o alerta?

Trungpa Rinpoche: Sim. Uma das qualidades parece ser uma sensação de despertar, em vez de entrar em uma absorção.

Aluno: Se Padmasambhava é o grande iogue que controla o tempo, isso significa que o tempo não o controla da forma como nos controla?

Trungpa Rinpoche: Não é realmente uma questão de controlar o tempo ou de não ser controlado por ele. É descobrir a atemporalidade. Se você traduzisse isso em algum tipo de linguagem simplória, então se diria "controlar o tempo".

Aluno: Você enfatizou repetidas vezes que Padmasambhava não aprende nada e de certa forma sabe tudo. Não entendo por que não podemos olhar para ele como um ser humano comum, como qualquer um de nós, que aprendeu várias coisas em diversos níveis.

Trungpa Rinpoche: É possível nos relacionarmos com os nossos próprios estágios daquela forma. Nosso processo de desenvolvimento espiritual, como quiser chamar, é um processo de "desaprendizado" e não um processo de acumular novas experiências. O estilo de Padmasambhava é desmascarar, desaprender – muitas camadas de cobertura fenomênica são gradualmente removidas.

Aluno: O processo de desmascarar ou desaprender parece uma série de mortes. Por que isso precisa ser tão doloroso? Por que não pode ser um tipo de liberação e gerar uma espécie de sensação de alegria?

Trungpa Rinpoche: Bem, é alegre e talvez estejamos reclamando demais. Estamos muito mais conscientes da intensidade da escuridão do que do brilho da luz.

Aluno: Parece que a forma correta de lidar com a morte é não ter estratégia nenhuma. Você precisa abandonar o seu medo antes de vivenciar a ausência de estratégia? Ou você pode apenas lidar com o medo?

Trungpa Rinpoche: Na verdade, o medo é algo muito interessante. Ele possui discernimento além da qualidade cega de pânico. Assim, parece que, se desistimos da esperança de atingir qualquer coisa, afinar-se com o medo é afinar-se com o discernimento. E os meios hábeis surgem espontaneamente do próprio medo, porque o medo parece ser extremamente cheio de recursos. É o oposto da ausência de esperança, na verdade. Mas o medo também tem o elemento do pânico e uma atitude surda e muda – aquela coisa de "fazer o melhor que posso", entende? Mas o medo sem esperança parece ser algo realmente cheio de discernimento.

Aluno: O medo é cheio de discernimento porque nos aponta o que realmente tememos em primeiro lugar?

Trungpa Rinpoche: Não só isso. Tem a continuidade de seu aspecto intuitivo próprio, que vai além de apenas conclusões lógicas. Possui uma vastidão de recursos espontaneamente presentes.

Aluno: Poderia falar mais sobre isso?

Trungpa Rinpoche: Quando nos conectamos com o medo, percebemos que já demos o salto, que já estamos em meio à queda. Percebe-se isso e então surge todo tipo de recursos.

Aluno: Não é isso que todos já estamos fazendo – usufruindo recursos que vêm do nada?

Trungpa Rinpoche: Não reconhecemos que já estamos em meio à queda.

Aluno: Rinpoche, você disse que o medo sem esperança seria inteligente. Pode-se dizer o mesmo das outras emoções intensas?

TRUNGPA RINPOCHE: O resto das emoções é principalmente constituído de esperança e medo. Esperança e medo representam o tipo de qualidade de "empurrar e puxar" da dualidade e todas as emoções consistem nisso. Elas são diferentes aspectos dessa mesma coisa, parecem ser feitas de esperança e medo de alguma coisa – puxar e magnetizar ou esquivar-se.

ALUNO: Ter medo é também desejar a mesma coisa que se teme?

TRUNGPA RINPOCHE: Sim, é assim que é. Mas quando se percebe que não há nada para se desejar (o desejo é o aspecto de esperança do medo), quando se percebe isso, você e seu medo são deixados nus e solitários.

ALUNO: Assim você apenas se conecta com o medo, sem esperança. Mas como se faz isso?

TRUNGPA RINPOCHE: É se relacionar sem retroalimentação. Então a situação automaticamente se intensifica ou se torna clara.

ALUNO: Você poderia ter a mesma postura quanto à raiva? Se estou bravo, em vez de expressar ou suprimir, eu apenas me relaciono com isso? Paro a raiva e apenas me relaciono com o processo de pensamento?

TRUNGPA RINPOCHE: Você não para a raiva, você é a raiva. A raiva apenas fica ali como ela é. Isso é se relacionar com a raiva. Então a raiva se torna nítida e sem direção, e se dissipa como energia. A ideia de lidarmos com ela não tem nada a ver com expressar para a outra pessoa. A expressão tibetana para isso é *rang sar shak*, que quer dizer "deixe em seu próprio lugar". Deixe a raiva ficar em seu próprio canto.

ALUNO: Ainda não entendo o que deveríamos tentar comunicar para uma pessoa que está morrendo.

Trungpa Rinpoche: Veja, a morte é uma experiência real. Geralmente, não nos conectamos com uma sensação de realidade. Se sofremos um acidente – ou qualquer coisa que venha a ocorrer em nossas vidas – não consideramos isso como uma experiência real, mesmo que possa nos machucar. É real apenas na medida em que diz respeito à dor e aos danos físicos, mas não nos é real porque pensamos imediatamente em termos de como poderia ter sido diferente. Há sempre uma ideia de primeiros socorros ou de algum aspecto redentor da situação. Se estamos falando com um amigo ou parente que está morrendo, deveríamos transmitir a ideia de que a morte é uma experiência real, em vez de apenas uma piada de que a pessoa vai ficar melhor. Geralmente, as pessoas dizem para uma pessoa que está morrendo coisas como: "A vida é mesmo uma grande piada. Os grandes santos dizem que ela não é real. A vida é irreal. O que é a morte, enfim?". Quando temos essa postura, isso é só o nosso próprio nervosismo e esse nervosismo é o fim da comunicação com a pessoa que está morrendo. Devemos tentar ajudá-la a entender que a morte é real.

5
O Rugido do Leão

Acabamos de examinar a ideia de atemporalidade, ou eternidade. Talvez agora seja necessário ir um pouco além. Conquistar ou transcender a sensação de experiência nos leva a algo completamente não dual. Podemos chamar isso de sanidade. O aspecto de Padmasambhava conhecido como Nyima Öser manifestou sanidade em relação ao conceito de tempo e às ideias ou experiências ligadas à conquista espiritual. Tendo olhado brevemente o seu exemplo, seguimos adiante e discutimos outro aspecto de Padmasambhava: *Shakya Senge*, Padmasambhava como buda.

O princípio ligado a esse aspecto de Padmasambhava é que, uma vez já tendo conquistado qualquer senso de ganhar o que for no mundo relativo, precisamos ir além disso e estabelecer um relacionamento com a sanidade completa e total, o estado desperto da mente. Shakya Senge, Padmasambhava como buda, está ligado a isso. Shakya Senge não é buda no sentido Hinayana, mas no sentido Mahayana. O estilo Mahayana de Padmasambhava tem a ver com a proclamação do rugido do leão, que nos ensinamentos Mahayana se refere a proclamar o ensinamento de shunyata, a sanidade definitiva. Assim, esse aspecto de Padmasambhava está ligado à expressão da sanidade definitiva.

Podemos nos perguntar: "Como essa sanidade definitiva pode ir além da conquista da conceitualidade e da sensação de experiência? Há algo que seja mais do que isso? Isso não é suficiente?". Nesse momento, há algo ainda mais sutil do que isso. Conquistar a conceitualização e a sensação de experiência são passos na direção da proclamação. Primeiro conquistamos o inimigo, então proclamamos a vitória sobre ele. Ao fazer a proclamação que chamamos de rugido do leão, Padmasambhava enquanto buda enfatiza ainda mais essa sanidade. O rugido do leão não é considerado um ato de desafio, mas um adorno. Não é um desafio quanto a se realmente o processo de conquista aconteceu ou não. Em vez disso, quando já se atingiu a vitória, ela mesma leva a uma sensação de boas notícias. A proclamação dessa boa-nova é o rugido do leão.

Quanto à vida de Padmasambhava, a boa notícia é a boa notícia definitiva. É a boa notícia de que a jornada espiritual nunca precisaria ter sido feita. A jornada já se completou, portanto não há finalidade em buscar ou tentar alcançar ainda mais discernimentos. A desnecessidade de se fazer a jornada espiritual é a boa notícia. Esse é o rugido do leão. Isso é algo muito maior do que aquilo que os sutras Mahayana falam. Os sutras do Mahayana falam sobre a conquista da sanidade perfeita através do reconhecimento de que forma é vacuidade e vacuidade é forma, e assim por diante. Mas o rugido do leão de que estamos falando é algo muito maior do que isso. Vai além, uma vez que a boa notícia definitiva é independente de qualquer vitória. É definitiva.

Nesse contexto, qual é o estilo de louca sabedoria manifestado por Padmasambhava? Ele é o monarca universal que olha para os yanas dos ensinamentos de cima para baixo, em vez de olhar de baixo para cima.

De acordo com a história, Padmasambhava estudou com Ananda, o ajudante e discípulo do Buda. Ele foi ordenado por Ananda como *bhikshu* e atingiu compreensão da mensagem do Buda. Padmasambhava considerava Ananda, o discípulo do Buda, mais como um guru do que como um tutor. Essa é uma diferença importante. Ele o considerava como um guru e não como um disciplinador, professor ou mestre no sentido comum, porque Ananda estava na linhagem direta de transmissão do Buda. Isso significava que trabalhar com Ananda envolvia um relacionamento nítido com os ensinamentos.

Nesse ponto, a realização de Padmasambhava é algo com que também podemos nos relacionar. O sentido de dignidade que se expressa e mostra que a jornada nunca precisaria ter sido feita é verdadeiro. A ideia de que a jornada espiritual precisa ser feita é um engano. Desse ponto de vista, mesmo os dez bhumis do caminho do bodisatva são um sofisma. Já que não há nenhum bhumi, como poderia haver dez?

Ver as coisas dessa forma é parte da louca sabedoria, que é direta, completamente direta. Envolve um relacionamento direto com a sanidade, ou mente *bodhi*, com a experiência do Buda quando ele atingiu o *samadi vajra* sentado sob a sombra da árvore bodhi. É também um passo na direção da confiança da natureza de buda. Nesse ponto, não podemos nem chamar de *natureza*, porque "natureza" automaticamente implica algo embrionário. Mas, nesse caso, não estamos falando sobre algo embrionário, mas sobre o Buda vivo. Padmasambhava se associou ao Buda e descobriu sanidade. Ele se relacionou a Ananda como um mensageiro que despertou a sua inspiração.

Um guru, na verdade, não nos transmite ou delega entidades espirituais. Um guru apenas nos lembra que a sanidade já está em nós. Assim, Ananda apenas forneceu ou, aliás, Padmasambhava apenas fornece um lembrete de que as coisas são realmente assim.

Podemos achar difícil entender do que se trata essa experiência ou nos identificarmos com ela. Podemos achar que ouvir coisas como essas é como ouvir uma história onde isso e aquilo acontece e depois todos vivem felizes para sempre. Mas a história de Padmasambhava deveria ser vista como algo mais do que isso. Se nós realmente nos relacionarmos com o que acontece na vida de Padmasambhava, descobriremos que é bem realista e pessoal. Reconheceremos a sanidade e então a sanidade surgirá por si só.

Reconhecer a sanidade é uma disciplina ou uma atuação: você finge ser o Buda, você acredita que é o Buda. Novamente, não estamos falando sobre natureza de buda como algo embrionário, mas como a situação vívida da buditude já acontecendo. Nós adotamos essa atuação no princípio, ou talvez possamos chamar de crença. É uma crença no sentido de que a nossa buditude aparentemente não é real, mas a tomamos como realidade. É preciso haver algum elemento para pregarmos uma peça na mente. Então, descobrimo-nos caindo na armadilha da iluminação.

Há todos os tipos de peças a pregar como parte do processo de ensinamento. São conhecidas como meios hábeis. Isso parece ser um grande eufemismo.

Os meios hábeis fazem parte da tradição espiritual. A conduta dos gurus da linhagem quanto aos discípulos é uma disciplina tradicional. Os meios hábeis são necessários porque a tendência é fugir da sanidade dessa natureza. Os alunos podem descobrir que a sanidade é espaçosa demais, tremendamente irritante. Preferimos um pouco de insanidade claustrofóbica, uma insanidade apertadinha e confortável. E entrar nisso é como rastejar de volta à bolsa marsupial. Essa é a tendência habitual, porque reconhecer a precisão e a sanidade é muito fresco, muito gelado. É muito cedo para acordar, preferimos voltar para a cama. Voltar para a cama é se relacionar com os enganos da mente, o que, aliás, nós preferimos. Preferimos ficar um pouco confusos e fazer dessa confusão o nosso lar. De fato, não preferimos a sanidade ou a iluminação. Esse parece ser o problema e não o fato de não a termos ou de não a conquistarmos. Se realmente preferimos a sanidade ou iluminação, é irritantemente possível conseguir isso.

Esse parece ser o enfoque do aspecto Shakya Senge de Padmasambhava: ele preferiu ser como o Buda. Foi até Ananda e falou sobre o Buda. Estudou com Ananda, trabalhou com ele, e se tornou buda. Podemos dizer "isso é rápido demais", mas, ainda assim, aconteceu.

Então temos outro aspecto de Padmasambhava, chamado *Senge Dradrok*, que novamente está ligado ao rugido do leão. Na verdade, o nome significa literalmente "Rugido de Leão" ou, mais literalmente, "fazer barulho como um leão". Nesse aspecto, Padmasambhava se manifesta como um defensor da fé, um grande mago.

Naquela época na Índia, havia grandes incursões de hereges, ou *tirthikas*, como eles são conhecidos em sânscrito. Eles eram hindus. Eram ditos hereges por sua crença na dualidade – na existência de um ser divino externo e na existência do *atman* como um recipiente daquele ser divino.

Evidentemente, podemos criticar esse enfoque, dizendo que seria correto ter grande respeito pelos escritos sagrados do hinduísmo, especialmente por escritos hindus como o Vedanta. E, na verdade, os escritos do Vedanta não expressam as coisas de forma verdadeiramente dualista, não estão bem no estilo dualístico de espiritualidade. Mas os hereges com os quais Padmasambhava estava lidando acreditavam literalmente na verdade do dualismo. Eles não compreendiam a profundidade real dos ensinamentos místicos e acreditavam em um deus externo e em um ego interno. Estranhamente, acreditar nesse tipo de separatividade pode criar poderes psíquicos muito poderosos. Milagres de todos os tipos podem surgir, e algum entendimento técnico e intelectual dos ensinamentos pode se desenvolver.

Com relação a esses hereges, Padmasambhava agiu como um agente orgânico, um agente da ação natural dos elementos. Se agimos de maneira incorreta com o fogo em nossa lareira, a casa pega fogo. Se não prestamos atenção enquanto cortamos cenouras, podemos cortar um dedo. Essa distração ou descuido com a situação natural é a qualidade herege. Em vez de considerar as situações da não dualidade como elas são, você tenta interpretá-las de tal maneira que o ajudem a manter a sua própria existência. Por exemplo, acreditar em Deus é uma forma de se assegurar de que você existe. Cantar uma canção de louvor a Deus faz você mais feliz, porque você está cantando essa canção a respeito dele. Já que há uma boa plateia, um bom recipiente, Deus existe. Esse tipo de atitude é herética do ponto de vista budista.

Naquela época, os grandes mosteiros budistas de certa parte da Índia estavam sendo desafiados pelos eruditos hindus. Estes vinham aos mosteiros e ensinavam, e os monges acabavam todos tornando-se hindus. Era uma grande catástrofe. Por essa razão, pediram a Padmasambhava que viesse. Aqueles que o convidaram disseram: "Parece que não somos capazes de vencer esses hindus intelectualmente, então, por favor, salvem-nos com alguma magia. Talvez essa seja a única solução".

Padmasambhava foi morar em um dos mosteiros. Certo dia, ao apontar seu tridente na direção dos eruditos hindus, produziu um terremoto. Uma avalanche destruiu quinhentos eruditos hindus.

O que se vê nisso?

Quando alguém se torna irracional, causa a sua própria destruição. Colocando dessa forma, não estou tentando assegurar que ninguém se sinta enojado com Padmasambhava e com as suas atividades. Não estou agindo como seu porta-voz, dizendo "ele é bom mesmo assim, mesmo fazendo essas coisas". Simplesmente, com ele sendo um agente dos elementos, do processo orgânico, o elemento irracional e artificial acaba naturalmente diminuindo.

Recentemente, o povo butanês estava tentando construir uma estrada da Índia ao Butão, a chamada Rodovia Nacional do Butão. Construíram por muito tempo. Tinham equipamentos de terraplanagem e especialistas indianos em construção de estradas. Gastaram muitos milhões de rúpias e construíram uma bela estrada. Mas a estação das chuvas chegou e a estrada inteira foi destruída por terríveis deslizamentos de terra. Ao construir a estrada, interfere-se na montanha, na estrutura da pedra. Como única reação possível da natureza àquele distúrbio, acontecem terremotos. E então, novamente, surge um outro projeto que toma milhões de rúpias e o processo continua infindavelmente.

A última vez que aconteceu algo assim foi quando o presidente da Índia foi fazer uma visita de Estado ao Butão. O avião que carregava os presentes indianos para o rei butanês e para o governo se perdeu no caminho e bateu nas montanhas butanesas. E, quando o presidente indiano estava se preparando para retornar à Índia, terremotos inesperados ocorreram, como um gesto de adeus a ele.

Não estou dizendo que o presidente da Índia é um herege, mas, nesse contexto, a definição de heresia é delicada. Se não estamos afinados com a natureza da realidade, nos transformamos em um alvo, em um satélite extra. E não há ninguém para nos alimentar. Não há combustível disponível para nós, exceto o que vem de nossos próprios recursos, e nós estamos destinados a morrer porque não vamos conseguir nos regenerar sem recursos externos. Foi isso que aconteceu com os eruditos que Padmasambhava matou. Isso é muito pouco compassivo ou mesmo ultrajante, mas, nesse caso, Padmasambhava estava representando a natureza da realidade e não agindo como um mago branco ou negro.

Parece-me que não podemos ser instruídos a perfazer atos como o que destruiu os eruditos. Apesar de os ensinamentos se manterem por gerações, sem interrupção ou alteração, de forma que até os dias de hoje possuímos todos os ensinamentos de Padmasambhava, nenhum desses ensinamentos explica como matar hereges. Não há ensinamentos desse tipo. Mas os ensinamentos falam sobre como trabalhar com a prática e sobre uma atitude orgânica quanto a ela. Fazemos apenas isso e os adulteradores dos ensinamentos destroem a si mesmos. Nesse contexto, essa parece ser a mensagem. Esse parece ser o aspecto de Padmasambhava chamado "Rugido do Leão", Senge Dradrok.

ALUNO: Os elementos também protegerão organicamente aqueles que não adulteram os ensinamentos?
TRUNGPA RINPOCHE: Talvez.

ALUNO: A ação orgânica de Padmasambhava em conexão com os elementos é o mesmo que a ação dos *darmapalas*, os protetores dos ensinamentos?
TRUNGPA RINPOCHE: De certa forma, sim. Mas é algo mais do que a ação dos darmapalas. Os darmapalas são apenas lembretes. Mas nesse caso há uma mensagem completa.

ALUNO: O que se chama de "ação dos elementos" ou "mensagem completa" não é de certa forma apenas ação cármica?
TRUNGPA RINPOCHE: É uma ação cármica no sentido de que há uma coisa orgânica acontecendo, mas há também algo especialmente orgânico, que tem a qualidade de ser deliberado. Parece haver dois padrões. Há uma diferença entre uma avalanche na área de uma mina de carvão e uma avalanche que acontece na casa dos hereges.

Aluno: Essa história de se pregar uma peça até se tornar um buda não ficou clara para mim. Parece tão pouco budista usar a mente para pregar uma peça em si mesmo. Isso é diferente do que você falou sobre engano, ludibriar a si mesmo, ludibriar a experiência?

Trungpa Rinpoche: É bem diferente. O engano de se ludibriar tem de estar baseado em estratégias bem articuladas. Pregar uma peça em si mesmo de forma a se tornar um buda é algo imediato. Acontece instantaneamente.

Aluno: Mas se eu disser para mim mesmo "eu sou buda" quando eu não sei realmente o que um buda é...

Trungpa Rinpoche: Não interessa. Esse é o ponto – não sabemos o que é buda. E talvez não saber o que é buda seja buda.

Aluno: Bem, não me parece que se precise fazer qualquer coisa então. Fazemos algo?

Trungpa Rinpoche: Isso é com você. Você precisa desenvolver o seu próprio sistema.

Aluno: Isso é diferente de apenas ter confiança?

Trungpa Rinpoche: Sim. É uma chave rápida, como se o tapete estivesse sendo tirado sob os seus pés. Ou os seus pés sendo puxados por cima do tapete. É verdade. Pode ser feito.

Aluno: Então é como representar?

Trungpa Rinpoche: Representar requer muita preparação. Mas se lhe pregam uma peça, isso lhe pega de surpresa, como se nada tivesse acontecido.

Aluno: Isso está ligado a visualizações e prática de mantras?

Trungpa Rinpoche: É algo muito mais imediato do que isso. É apenas uma mudança de atitude. Em vez de tentar se tornar buda, você repentinamente percebe que buda está tentando se tornar você.

Aluno: Isso tem a ver com um *abhiseka*, uma iniciação?

Trungpa Rinpoche: Acho que sim, certamente. Isso é o que se chama o quarto abhiseka, a introdução repentina ao estado do agora.

Aluno: Parece que há um processo com um bocado de preparação necessária para que essa mudança de perspectiva aconteça.

Trungpa Rinpoche: Você precisa querer que isso aconteça. Isso é liberação. Fora isso, não há mais nada. É uma questão de você querer fazer isso, esse é o ponto. Você tem de querer se comprometer de forma a passar por todos os desconfortos que podem surgir depois que você se transforma em um buda.

Aluno: Antes você falou sobre a eternidade e Padmasambhava sendo transformado em um **HUM**. Tornar-se um **HUM** seria como uma experiência de morte? Seria necessário se dissolver de forma a penetrar na experiência? Seria preciso morrer?

Trungpa Rinpoche: A penetração não está particularmente ligada à morte. Ser transformado em um **HUM** é se tornar uma pessoa intensa. Você se torna um ser encapsulado. Você é reduzido a uma cápsula, uma forma muito concentrada de si mesmo. É-se apenas um grão de areia. Não é se dissolver, mas se intensificar em um único ponto.

Aluno: Quando Shri Simha engoliu Padmasambhava e o defecou, ele seguiu sendo Padmasambhava?
Trungpa Rinpoche: Naturalmente. A analogia é engolir um diamante. Quando você o defeca, ainda é um diamante genuíno.

Aluno: A penetração parece envolver a sensação de algo afiado. Está-se em meio a uma manipulação egoísta e então algo afiado o acorda.
Trungpa Rinpoche: O algo afiado que corta a mente neurótica parece ser uma lâmina dupla que corta nas duas direções simultaneamente. Assim, a única coisa que existe é o gume em si. Não é como uma agulha, não é como um machado. Corta tanto a projeção quanto o projetor, simultaneamente. É por isso que há um aspecto de loucura: quem a maneja é cortado por ela da mesma forma que está cortando com ela. Isso também torna a situação toda engraçada. Ninguém ganha a batalha. O inimigo se destrói e o defensor se destrói também – simultaneamente –, por isso é tão louco. Geralmente, se estamos lutando contra algo, supomos vencer, mas nesse caso não se vence. Ambos os lados se destroem. Ninguém vence. Em outras palavras, os dois vencem.

Aluno: Isso parece estar ligado a shunyata. Poderia haver um deslize a qualquer momento e então parece haver outro tipo de gume.
Trungpa Rinpoche: É bem diferente. Quando há uma sensação de deslize, não há lâmina para cortar qualquer coisa. É autoperpetuado no sentido do HUM. Desse ponto de vista, a experiência de shunyata e a louca sabedoria são diferentes. Comparada com a louca sabedoria, shunyata provê um ninho, um ninho mútuo, um ninho confortável, enquanto a louca sabedoria provê um processo de corte constante. O enfoque tântrico está ligado à energia; a experiência de shunyata é apenas sabedoria,

sabedoria sem energia. É uma descoberta, uma experiência, um tipo de ninho.

Aluno: Qual era a motivação de Padmasambhava ao querer se tornar um buda? Estou pensando no que você disse antes: não queremos aquele estado desconfortável – queremos o conforto da claustrofobia e da insanidade.
Trungpa Rinpoche: Sim. No que toca à mente samsárica, suponho que seja uma motivação perversa. Vai contra a tendência de querer um ninho. Vai contra a base do que nossos pais sempre nos dizem: "Você não quer se casar e arranjar um trabalho e uma casa confortável, em vez de apenas sentar e meditar?".

Aluno: Mas há alguma motivação que não seja samsárica, mas que exista por si só?
Trungpa Rinpoche: Ousadia. Não ser civilizado.

Aluno: Isso é uma parte de nós que deveríamos descobrir ou cultivar de alguma forma?
Trungpa Rinpoche: Isso é o que temos de observar. Isso é o que temos de descobrir. Não há receita.

Aluno: Essa ousadia é algo que já experimentamos ocasionalmente como parte de nossa vida ou algo que ainda não experimentamos?
Trungpa Rinpoche: Não sei. Vamos descobrir.

Aluno: Isso é o que você disse antes sobre o buda tentando se tornar você – esse é o fator de motivação?

TRUNGPA RINPOCHE: Bem, há algo muito estranho acontecendo. Você é absolutamente confortável e feliz do jeito que é e, ainda assim, ao mesmo tempo, acha incrivelmente doloroso. Você não está certo se quer permanecer do jeito que é, que é bastante prazeroso, ou não permanecer do jeito que você é, porque isso é muito doloroso ao mesmo tempo. Essa parece ser a motivação. Você quer manter os seus padrões habituais, mas, ao mesmo tempo, acha-os muito monótonos – esse é o tipo de motivação. Digo, não podemos definir isso como sendo algo especial. Não podemos dizer que se está fazendo uma jornada em uma direção particular. As direções são confusas. Você não está confuso sobre se você está indo ou voltando, mas ainda assim quer fazer algo sobre a situação. Essa é a qualidade contagiosa da natureza de buda, que aparentemente tenta brilhar em meio a tudo isso o tempo todo.

Loden Choksi

6

O intelecto e o trabalho com a negatividade

Na verdade, o próximo aspecto de Padmasambhava é geralmente chamado de Padmasambhava. Por alguma razão esquisita, "Padmasambhava" se tornou popular como um nome genérico para todos os aspectos iconográficos desse personagem. Talvez haja alguma influência *Gelugpa* nesse processo de nomear. Os seguidores de Padmasambhava no Tibete geralmente referem-se a ele como *Guru Rinpoche* ou *Pema Jungne*, "O Nascido-do-Lótus", que em sânscrito é *Padmakara*. Assim, Padmasambhava é o nome de apenas um dos aspectos. Parece que isso tem a ver com alguma disputa sectária na qual um dos lados mantém que Padmasambhava não é um princípio cósmico, mas apenas um erudito chamado Padmasambhava.

De qualquer forma, esse aspecto particular conhecido como Padmasambhava era um erudito, um pândita. Ele entrou na Universidade de Nalanda e estudou o que é conhecido como a disciplina tríplice: meditação, moralidade e conhecimento, ou aprendizado. Essas três disciplinas correspondem às três classes de escrituras budistas, o *Tripitaka*. Uma sessão do Tripitaka discute disciplina monástica, outra ensinamentos básicos dos sutras e a terceira a estrutura psicológica dos seres.

As pessoas geralmente se perguntam: "Não seria possível não fazer estudo algum no caminho espiritual? Não podemos apenas meditar e aprender tudo com base em nossas próprias experiências?". Muitas pessoas acreditam que, por sentarem e meditarem muito, não será preciso ler escrituras ou estudar qualquer coisa. Elas dizem que basta meditar e que tudo virá até elas. Esse enfoque parece ser parcial.

Não deixa espaço para afiar o intelecto ou disciplinar a mente. Também não leva em consideração o conhecimento que nos impede de cair em estados de absorção, o conhecimento que nos diz que é necessário abandonar certos estados e nos colocar em outro estado de espírito. O estudo e o aprendizado sistemático são algo extremamente importante. É isso que é demonstrado por Padmasambhava em seu aspecto erudito.

Um dos problemas quanto ao intelecto e à compreensão intelectual é que, se buscamos e encontramos respostas, conclusões, deduções lógicas, tendemos a ficar com uma opinião inflada de nossa própria compreensão. Se desenvolvemos isso, podemos não ser mais capazes de vivenciar as coisas adequadamente ou mesmo aprender qualquer coisa dos ensinamentos. Tornamo-nos eruditos endurecidos e ratos de biblioteca. Podemos começar a achar que as práticas são inseguras se não sabemos bem do que se tratam e que, então, precisamos primeiro estudar tudo detalhadamente. Essa atitude pode ir até o ponto de dizer que, se alguém realmente quer estudar os ensinamentos budistas, primeiro precisa aprender sânscrito, bem como japonês ou tibetano. Não se pode nem sequer começar a meditar antes de se ter aprendido essas línguas e estudado os textos recomendados.

Essa atitude sugere que o estudante deva se tornar um supererudito. Quando o estudante tiver se tornado um erudito extremamente perfeito, ele terá atingido a buditude. Ele tem todas as respostas, sabe tudo de trás para frente. Esse tipo de onisciência, de acordo com essa visão, cria um buda.

Essa visão de que o ser iluminado é uma pessoa com uma grande formação, um grande erudito, é um erro, é outro extremo. A iluminação não é apenas uma questão de acumular informação. Se um buda não sabe colocar os pneus de neve, por exemplo, uma pessoa com essa visão pode começar a duvidar dele. Afinal, se ele é onisciente, como pode ser um buda se não sabe como fazer isso? O buda perfeito seria capaz de nos surpreender com o seu conhecimento em todas as áreas. Ele seria um bom cozinheiro, um bom mecânico, um bom cientista, um bom poeta, um bom músico – ele seria bom em tudo. Essa é uma ideia difusa ou distorcida do que seria um buda, para dizer o mínimo. Ele não é esse tipo de especialista universal, não é um superprofessor.

Mas, se a ideia apropriada de compreensão intelectual e de aguçar o intelecto não é nos alimentar de milhões de *bits* de informação e nos transformar em uma biblioteca ambulante, o que seria então? Está ligada a desenvolver precisão e tino ao nos relacionarmos com a natureza da realidade. Isso não tem nada a ver com se deter em conclusões lógicas ou conceitos. Devemos manter uma atitude neutra em nosso estudo intelectual dos ensinamentos, uma atitude que não seja puramente crítica nem puramente devocional. Não tentamos chegar a conclusões. A finalidade do estudo, em vez de chegar a conclusões, é vivenciar as coisas lógica e sensivelmente. Esse parece ser o caminho do meio [entre os extremos de rejeitar o intelecto e enfatizá-lo exclusivamente].

Tornar-se realizado no estudo intelectual geralmente significa formar opiniões sólidas. Se você é um erudito, seu nome se torna interessante de se mencionar caso você tenha feito alguma descoberta intelectual. Mas o que estamos falando nesse contexto não é exatamente uma descoberta no sentido acadêmico, mas uma descoberta no nível de examinar e lidar com a experiência pessoal. Em um processo desse tipo, sua experiência pessoal é trabalhada – é batida, aquecida e martelada como quando trabalhamos com ouro, para usar uma analogia escritural. Ao lidar com a nossa experiência, comemos, mastigamos, e finalmente engolimos e digerimos. Dessa forma, a coisa toda se torna trabalhável, seu foco não é apenas no estrelato, em como desenvolver sua personalidade no formato de uma pessoa muito erudita – um budologista ou um tibetanologista, ou algo desse tipo.

Em outras palavras, o intelecto nesse contexto significa ausência de um observador. Se nós nos observamos aprendendo – observamo-nos crescendo, desenvolvendo-nos, tornando-nos pessoas mais eruditas –, então estamos nos comparando com os "outros". Estamos constantemente engordando os nossos próprios egos ao nos comparar com os "outros". Ao contrário, se a experiência do estudo intelectual continua sem um observador, ela se torna muito simples e direta. Esse tipo de intelecto sem observador tem qualidades parecidas com as que estávamos descrevendo antes em conexão com a experiência do jovem príncipe. Ela é aberta, ansiosa por explorar. Não possui uma atitude particular. Não possui um sentido de desejar que o que está acontecendo seja substituído por alguma outra coisa, de desejar que a ignorância seja substituída por informação. É uma descoberta constante de novas situações na vida e o que os ensinamentos e as escrituras têm a dizer a respeito delas. Significa descobrir as sutilezas e sentimentos relacionados com os diferentes aspectos do budismo. Significa compreender a geografia completa dos ensinamentos, de forma que não fiquemos perplexos perante algum enfoque novo, alguma nova sabedoria. Não ficamos perplexos porque entendemos a que área da psicologia humana se refere aquele enfoque em particular. Dessa forma, o que quer que surja em relação ao ensinamento torna-se muito simples, muito fácil e trabalhável. Essa era a prática exemplificada por Padmasambhava enquanto Padmasambhava. Ele se tornou um grande erudito porque trabalhou com o intelecto sem um observador. Com base em seu exemplo, podemos também trabalhar com o intelecto sem um observador.

Você poderia se perguntar: "Se não há um observador, como saber se entendemos o que estivemos aprendendo?". No entanto, é possível aproximar-se do aprendizado e da compreensão de outra forma que não através do acúmulo de informações voltado para a obtenção de uma nova personalidade, para o desenvolvimento de um novo ego. Essa não é a única forma. Há outras formas de nos tornarmos altamente eruditos, extremamente intelectuais. É possível fazer isso sem um observador.

Outro aspecto de Padmasambhava é conhecido como *Loden Choksi*, que era um *rajguru*, como eles chamam o professor espiritual de uma família real na Índia. A forma através da qual Loden Choksi veio a ser um rajguru é uma história interessante. Ele estava vagando por todos os lugares quando se deparou com um mosteiro de mulheres. Ele começou a instruir a monja principal daquela instituição, que era a princesa do reino de Sahor. Sahor era próximo da área de Himachal Pradesh, na Índia setentrional dos dias de hoje. A princesa era muito preciosa para aquele reino, porque havia sido convidada a se tornar a rainha de vários reinos vizinhos, até mesmo de reinos importantes como a China, a Pérsia e, de acordo com a história, o Império Romano. Apesar desses convites, a princesa se recusou a manter qualquer ligação com o poder e com os prazeres mundanos. Ela queria se tornar uma monja budista e assim o fez. O rei de Sahor temia muito que a princesa não conseguisse manter os votos de monja [pois isso seria considerado uma afronta política pelos reinos cujos convites ela havia rejeitado e] eles poderiam atacar seu reino. [Portanto o rei cercou-a com quinhentas monjas de forma a resguardar a sua disciplina.]

Assim, Padmasambhava estava naquele lugar, dando ensinamentos para a princesa e as quinhentas outras monjas, quando um pastor passou por ali e ouviu a voz de um homem dentro do mosteiro feminino. Esse boato circulou pelo reino e criou um grande escândalo. Em determinado momento, o rei, a rainha e seus ministros ouviram a história. Esperavam ser capazes de revelar que esse escândalo era baseado em um rumor infundado, mas foram incapazes de encontrar o pastor, a testemunha original. Deixaram muitos presentes na entrada da corte real e anunciaram que, se a testemunha original viesse contar sua história, ela receberia todos aqueles presentes. Havia ouro, prata, joias, seda, várias coisas. Finalmente, o pastor apareceu e contou a história, que parecia ser verdadeira. Ele não tinha nenhum motivo oculto para criar um escândalo no reino.

O rei mandou um de seus ministros para descobrir o que estava acontecendo no mosteiro. O ministro encontrou as portas completamente fechadas, e as monjas não deixavam ninguém entrar, mesmo que se tratasse de um mensageiro do rei apenas inspecionando. O rei suspeitou que algo esquisito estava acontecendo no mosteiro e mandou os soldados arrombarem as portas. Eles o fizeram e encontraram Padmasambhava sentado no trono da sala principal, instruindo as monjas.

Os soldados tentaram apanhar Padmasambhava, mas acharam difícil, inacreditavelmente difícil, pôr as mãos nele. Não conseguiam apanhá-lo de jeito algum. Nesse momento, o rei ficou extraordinariamente furioso e mandou um vasto exército ao mosteiro. As tropas enfim capturaram Padmasambhava e todas as monjas.

A forma tradicional de execução nesse país era queimar o prisioneiro vivo em uma pira de sândalo, e a princesa foi colocada em uma masmorra cheia de espinhos. A fogueira de sândalo, que geralmente apagava depois de 24 horas, continuou a queimar por um longo tempo. Com outros criminosos, geralmente não havia dificuldade alguma, mas nesse caso o fogo continuou a queimar e a fumaça seguiu por três semanas. O rei e o povo começaram a se perguntar o que estava acontecendo. Poderia haver algo de incomum nesse vagabundo que eles queimaram? O rei decidiu que devia recolher alguns pedaços de ossos do vagabundo, pois talvez eles possuíssem algumas propriedades mágicas. Mandou um mensageiro ao lugar onde estava o fogo e o mensageiro descobriu um grande lago no local, com troncos ainda em chamas ao redor dele. No meio desse lago havia uma flor de lótus, onde estava sentado Padmasambhava.

O rei percebeu que havia cometido um grande erro e começou a suplicar a Padmasambhava. Padmasambhava cantou algo dizendo: "Boas-vindas ao grande pecador, boas-vindas ao rei afundado na confusão" e assim por diante. O rei convidou Padmasambhava ao palácio. Padmasambhava, enfim, aceitou o pedido. Nesse ponto, de acordo com a história, Padmasambhava conduziu práticas de sadhana da mandala de vajradhatu no palácio do rei. O resultado, de acordo com a história, é que o reino se esvaziou completamente em sete anos. Toda a civilização se dissolveu enquanto as pessoas se tornavam grandes iogues e descobriam que não havia finalidade alguma em manter seus trabalhos domésticos comuns. Todos enlouqueceram.

Nessa história, Loden Choksi, o aspecto rajguru de Padmasambhava, fez um milagre. O milagre não foi apenas converter o rei, mas o seu jeito de lidar com quaisquer ameaças e acusações que surgissem. Loden Choksi manifestava a invencibilidade de Padmasambhava. Qualquer desafio a ele, em vez de ser visto como uma ameaça, tornava-se mais um adorno de sua ação. Utilizar os obstáculos como forma de trabalhar com as situações cotidianas é uma parte muito importante da louca sabedoria.

Essa pode ser uma ideia familiar para as pessoas já expostas ao ensinamento da louca sabedoria, mas, para a maioria das pessoas, que pensam em uma espiritualidade como sendo baseada apenas na bondade, qualquer tipo de oposição ou obstáculo são considerados manifestação do mal. Considerar os obstáculos como adornos é uma ideia bem incomum. Se há uma ameaça ao professor ou ao ensinamento, ela tende a ser imediatamente categorizada como "obra de satã". Nessa visão, a ideia é tentar não se relacionar com os obstáculos e ameaças, mas desfazer-se deles como algo ruim, como algo que contradiz os ensinamentos. Deve-se apenas obter purificação diante dessa obra do diabo. O melhor seria abandoná-la, em vez de explorá-la como parte do desenvolvimento orgânico e integral da situação com que se está lidando. Considera-se a ameaça como sendo apenas um problema.

Suponho que, se aqueles entre nós que já estão familiarizados com esses ensinamentos olhassem para si próprios em um nível muito sutil, ainda encontrariam algum elemento desse enfoque. Apesar de conhecermos a filosofia e as ideias – sabemos que devemos trabalhar com a negatividade e utilizá-la como adorno –, ainda há alguma tentativa de encontrar alternativas, de tentar encontrar algum tipo de promessa subjacente.

Na verdade, isso acontece um bocado com os alunos. As pessoas falam sobre se relacionar com a negatividade como parte do desenvolvimento da situação, mas eles mesmos consideram esse enfoque como uma alternativa para solucionar o problema da negatividade. Mesmo os alunos mais velhos constantemente fazem perguntas, em público e em privado, baseadas nesse enfoque de alternativa-solução. Eles ainda acreditam que há uma "forma melhor", ainda acreditam que há um caminho para algum tipo de felicidade. Apesar de sabermos que supostamente devemos nos relacionar com a dor e com a miséria como parte do caminho, eles ainda tentam considerar isso como um caminho para a felicidade, como uma forma de resolver o problema, como uma alternativa melhor. Se nós fôssemos Padmasambhava enquanto rajguru, teríamos tentado conversar com os guardas que nos prenderam, antes que nos colocassem na fogueira. Teríamos dito: "Esse é um grande erro, vocês não deviam fazer isto. Vocês não entendem o que estão fazendo". Tentaríamos isso, em vez de deixarmos as coisas acontecerem, em vez de deixar a ação falar mais alto do que as palavras.

Ainda parece haver certa timidez no nosso enfoque geral. Somos tímidos no sentido de que, não importa quão sutis ou óbvios os ensinamentos possam ser, nós ainda não nos convencemos da noção de que "dor e prazer são ornamentos igualmente agradáveis de se vestir".[8] Podemos ler isso, podemos dizer isso, mas ainda assim achamos magnífico desdobrar a dobradura e sentir que a miséria ou a negatividade são boas: "Temos que trabalhar com isso. Bem, tenho conseguido. Ultimamente, tenho encontrado todo tipo de coisas rudes e ásperas acontecendo em minha mente e em minha vida. Não é particularmente agradável, mas, no fim, é algo interessante para mim". Há algum vestígio de esperança. A ideia de achar a negatividade "interessante" é a mesma de achar que, de alguma forma, acabaremos sendo salvos enquanto prosseguimos. É implícito que no final a coisa toda será boa e prazerosa. É muito sutil. É quase como se houvesse um acordo implícito de que no fim todos os caminhos levarão a Roma.

Ainda estamos lutando com a mentalidade Hinayana, mesmo que estejamos falando sobre os ensinamentos mais profundos da louca sabedoria. Ainda estamos pensando que essa louca sabedoria poderia nos levar à felicidade, que as muletas do Vajrayana talvez nos ajudem a

---

8   N. do E.: Essa é uma citação de uma sadhana do autor, a Sadhana do Mahamudra, uma liturgia praticada por seus alunos.

caminhar em um bom caminho Hinayana. Isso mostra que de forma alguma estamos nos relacionando com a coisa toda como sendo sem esperança – totalmente sem esperança. Mesmo a ausência de esperança tem sido considerada algum tipo de solução. Essa malandragem ainda está acontecendo. Ainda estamos seguindo como se houvesse um acordo silencioso de que, não interessa o que dissermos, trabalharemos na direção de algum tipo de felicidade. Mas, em seu aspecto de rajguru, Padmasambhava não está nem aí para tudo isso. Seu enfoque era: "Se for o caso de a felicidade se apresentar, que se apresente por si só. Enquanto isso, se for necessário, que eu seja executado."

Reconheça você mesmo como o criminoso – vá em frente e faça isso! Ele fez assim. Ele foi executado como um criminoso. Mas então algo mudou.

Reconhecer os erros dos outros como seus parece algo muito difícil de ser feito – porém, a dor é o caminho. Não queremos ser culpados pelas ações de outra pessoa. Vamos imediatamente dizer que não o fizemos. "Não foi minha culpa." Não conseguimos aguentar ser culpados injustamente. Bem, isso é bem compreensível, suponho – as pessoas não gostam de levar a culpa. Mas suponha que decidamos assumir a coisa toda e nos deixar ser acusados. Então, o que aconteceria? Seria bem interessante descobrir – puramente por seguir o exemplo de Padmasambhava (se isso lhe dá algum consolo).

Essa é uma atitude muito interessante. Não é particularmente sutil – é óbvia. Torna-se sutil somente com a distorção da distorção da distorção do autoengano, que é uma distorção na direção de um resultado.

ALUNO: Gostaria de saber um pouco mais sobre essa distorção do autoengano.

TRUNGPA RINPOCHE: Bem, podemos falar um bocado dela, mas o ponto principal parece ser cortar a autojustificação de "tudo vai ficar bem, há algum tipo de promessa ou recompensa de qualquer forma". Mesmo não acreditar em nenhuma promessa é um tipo de promessa. Esse tipo de distorção está sempre ali. E, a não ser que sejamos capazes de nos deixar ser acusados injustamente, não conseguiremos cortar o nosso autoengano. Isso é muito difícil. Estamos prontos para mentir por nós mesmos, mas não estamos prontos para mentir pelo bem dos outros. Não queremos assumir a dor de outra pessoa. A não ser que falemos com as pessoas de quem estamos assumindo a dor e digamos: "Olha, estou fazendo um bom trabalho por você, isso tudo é por você." Você sente que deveria conversar com aquela pessoa antes de se entregar.

Aluno: Padmasambhava era o leão do darma. Alguém quer botar a culpa nele por sua própria ação errônea. Padmasambhava diz: "Certo, vá em frente, suje o meu nome." Não compreendo muito bem isso. Talvez se aquilo fosse a única coisa que ele pudesse fazer faria mais sentido, mas parece que há outros modos de ação disponíveis. Ele poderia pacificar, incrementar, magnetizar e assim por diante. Mas apenas coadunar com a acusação falsa parece quase como evitar a situação. Não vejo a qualidade inteligente dele em se comportar dessa forma naquela situação.

Trungpa Rinpoche: Nesse caso, justo porque ele não tentou magnetizar, a coisa toda se tornou muito mais poderosa. Em vez disso, ele se entregou, mas se entregou de uma forma tão poderosa que os outros automaticamente foram ricocheteados pela situação. O resultado final foi que, de fato, Padmasambhava não teve de convencer os outros para sair daquela situação – os outros tiveram de fazer isso.

A mensagem para nós enquanto seus seguidores é que, já que não usamos essas técnicas muito frequentemente (para dizer o mínimo), é válido tentar praticar esse enfoque. Não temos que conceitualizar e dizer que desistir da situação é o único modo. Esse não é o ponto. Temos toda a riqueza e abundância de todos os tipos de técnicas, e essa também é uma técnica bem interessante. É válido experimentar. Digo, você tem oito estilos para lidar com a sua vida – cada um dos aspectos de Padmasambhava tem uma mensagem – e essa é uma delas.

ALUNO: Foi dessa forma que Cristo se entregou? Apenas permitindo que a situação acontecesse?
TRUNGPA RINPOCHE: Sim, isso parece bem óbvio. Ele apenas assumiu a culpa.

ALUNO: Não entendo a ideia de não evitar a dor. Se não estamos tentando evitar a dor, qual é o significado do Nobre Caminho Óctuplo sobre a cessação da dor?
TRUNGPA RINPOCHE: Nesse contexto, o sentido da cessação da dor é o de ver a dor por um ângulo completamente diferente – de trás – em vez de eliminá-la.

ALUNO: Você quer dizer que você acaba apenas com o outro lado da dor.
TRUNGPA RINPOCHE: Sim, [do outro lado do] criador da dor, que é a confusão.

ALUNO: Parece-me que tanto Cristo quanto Padmasambhava tiveram que usar magia de forma a atingir sua vitória final.
TRUNGPA RINPOCHE: Não necessariamente. Poderia haver magia por si só.

Aluno: Quero dizer o lago e sentar na flor de lótus e...

Trungpa Rinpoche: Isso não era particularmente magia. Foi apenas o que aconteceu. Aliás, a ressurreição pode não ter sido nenhum tipo de magia. Foi apenas o que aconteceu no caso de Cristo.

Aluno: É magia no sentido de que é muito incomum. Digo, se aquilo não é magia, então o que é?

Trungpa Rinpoche: Bem, nesse caso, o que estamos fazendo agora é magia. Estamos fazendo algo extremamente incomum na América. Parece ter surgido por si só. Não teríamos conseguido criar toda essa situação. Reunirmo-nos aqui e discutir esse assunto apenas aconteceu por si só.

Aluno: Rinpoche, o que você estava dizendo sobre usar a dor como um adorno me pareceu como a diferença entre acumular informação e realmente experimentar as suas implicações. Mas não vejo como você pode estar certo de que está realmente tomando contato com a experiência.

Trungpa Rinpoche: Não deveríamos considerar a coisa toda como uma forma de ir além do ego. Apenas se relacione com ele como um processo contínuo. Não faça nada com ele, apenas continue. É um assunto muito casual.

Aluno: O que significa "Loden Choksi"?

Trungpa Rinpoche: *Loden* significa "possuir inteligência"; *choksi* significa "mundo supremo" ou "existência suprema". Nesse caso, o nome não parece ser tão significativo quanto em alguns dos outros aspectos. Por exemplo, não chega nem perto do brilho de Senge Dradrok ou *Dorje Trolö*. Loden Choksi tem algo a ver com ser habilidoso.

Aluno: Qual é a diferença entre o tipo de percepção intelectual direta de

que você está falando e outros tipos de percepção?
TRUNGPA RINPOCHE: Parece que, se você está apenas buscando respostas, não percebe coisa alguma. No uso correto do intelecto, você não busca respostas, você apenas vê, você apenas toma notas com a mente. E, mesmo assim, você não tem por finalidade acumular informação, você apenas se relaciona com o que está ali como uma expressão de inteligência. Dessa forma, a sua inteligência não pode ser ludibriada por sugestões alheias. Pelo contrário, você aguçou o seu intelecto e pode lidar diretamente com o que está acontecendo.

ALUNO: Mas como você diferenciaria isso de outros tipos de percepção?
TRUNGPA RINPOCHE: Em geral, temos percepções com todos os tipos de coisas misturadas, isto é, temos percepções condicionadas que contêm uma finalidade de magnetizar e destruir. Essas percepções contêm paixão e agressão e todo o resto. Há segundas motivações de todos os tipos, em contraposição a apenas ver claramente, a apenas olhar para as coisas muito precisamente, de forma aguçada.

Dorje Trölo

7

Dorje Trolö e os três estilos de transmissão

O oitavo aspecto de Padmasambhava é Dorje Trolö, o aspecto final e absoluto da louca sabedoria. Para discutir esse oitavo aspecto de Padmasambhava, temos que ter algum conhecimento básico sobre formas [tradicionais] de passar os ensinamentos. A ideia de *linhagem* está associada com a transmissão da mensagem da *adhishthana*, que significa "energia" ou, se você preferir, "graça." Ela é transmitida como uma corrente elétrica do guru Trikaya para os seres sencientes. Em outras palavras, a louca sabedoria é uma energia contínua que flui e que, enquanto flui, se regenera. A única forma de regenerar essa energia é irradiando-a ou comunicando-a e colocando-a em prática. Não é como as outras energias que, quando você as utiliza, movem-se na direção da extinção ou cessação. A energia da louca sabedora regenera a si mesma através do processo de a estarmos vivendo. Enquanto você vive essa energia, ela se regenera – você não vive para a morte, mas sim para o nascimento. Viver é um constante processo de nascimento em vez de um processo de desgaste.

A linhagem tem três estilos de transmitir essa energia. A primeira é chamada *kangsaknyen-gyü*. Nesse contexto, a energia da linhagem é transmitida oralmente, utilizando-se ideias e conceitos. De certa forma, esse é um método primitivo ou grosseiro, um enfoque um tanto dualista. Porém, nesse caso, o enfoque dualista é válido e funciona.

Se você se sentar de pernas cruzadas, como se estivesse meditando, é bem provável que você realmente se encontre meditando depois de um tempo. Isso é como atingir a sanidade pela imitação da sanidade, comportando-se como se já se fosse são. Da mesma forma, é possível utilizar palavras, conceitos, imagens, ideias – ensinar de forma oral ou escrita – como se essas coisas fossem meios absolutamente perfeitos de transmissão. O procedimento é apresentar uma ideia, a refutação [do oposto] daquela ideia e então associar aquela ideia com uma escritura ou ensinamento autêntico que já tenha sido apresentado no passado.

Acreditar na sacralidade de certas coisas em um nível primitivo é o primeiro passo da transmissão. Tradicionalmente, não devemos caminhar sobre as escrituras ou livros sagrados, não devemos sentar neles ou os destratar de qualquer forma, porque coisas muito poderosas são ditas ali. A ideia é que, ao destratar os livros, destrata-se as mensagens que eles contêm. Essa é uma maneira de se acreditar em algum tipo de entidade, de energia ou de força – na qualidade viva de algo.

O segundo estilo de comunicação ou ensinamento é o *rigdzin da-gyü*. Esse é o método da louca sabedoria, mas no nível relativo, não no nível absoluto. Nesse contexto, a comunicação se dá a partir da criação de incidentes que parecem acontecer por si mesmos. Esses incidentes são aparentemente inocentes, mas têm um instigador em algum lugar. Em outras palavras, o guru se afina com a energia cósmica, ou como quer que se queira chamar. Então, se há uma necessidade de criar caos, ele direciona a atenção para o caos. De acordo com isso, o caos se apresenta como se tivesse acontecido por acaso ou por engano. Em tibetano, *da* significa "símbolo" ou "sinal". O sentido disso é que o guru de louca sabedoria não fala ou ensina em um nível ordinário, mas cria um símbolo ou fornece um sentido. Nesse caso, um símbolo não é algo que quer dizer outra coisa, mas algo que apresenta a qualidade vívida da vida e cria uma mensagem a partir dela.

O terceiro estilo é chamado de *gyalwa gong-gyü*. *Gong gyü* significa "linhagem de pensamento" ou "linhagem da mente". Do ponto de vista da linhagem dos pensamentos, até mesmo o método de criar situações é grosseiro ou primitivo. Nesse contexto, há uma compreensão mútua que surge e cria uma atmosfera geral – e a mensagem é compreendida. Se o guru da louca sabedoria é um ser autêntico, então a comunicação autêntica acontece e os meios de comunicação não são palavras ou símbolos. Apenas estando ali, por apenas ser o que se é, um sentido de precisão é comunicado. Talvez tome a forma de esperar – por nada. Talvez tome a forma de fingir meditar junto, mas não fazer nada. Aliás, pode envolver um relacionamento muito casual: discutir o clima e o sabor do chá; como fazer *curry*, *chop suey* ou culinária macrobiótica; falar sobre história ou sobre os vizinhos – qualquer coisa.

A louca sabedoria da linhagem de pensamento toma uma forma que muitas vezes é desapontadora para o ansioso recipiente dos ensinamentos. Você pode ir fazer uma visita ao guru e se preparar muito para essa ocasião, e ele não estar nem um pouco interessado em falar com você. Ele fica ocupado lendo o jornal. Aliás, ele pode criar um "ambiente negro", uma certa intensidade que torna a situação toda ameaçadora. E nada acontece – nada acontece ao ponto de você ir embora aliviado, feliz de não ter que ficar ali. Mas então algo acontece com você, como se tudo tivesse acontecido durante aqueles momentos de silêncio e intensidade.

A linhagem do pensamento é mais uma presença do que algo acontecendo. E ela também tem uma qualidade absolutamente convencional, ordinária.

Nas *abhishekas* tradicionais, ou cerimônias de iniciação, a energia da linhagem do pensamento é transmitida a nosso sistema no nível do quarto abhisheka. Nesse momento, o guru perguntará repentinamente "qual é seu nome?" ou "onde está sua mente?". Momentaneamente, essa questão abrupta o leva além de sua agitação mental, criando uma perplexidade de um tipo diferente [do tipo que já acontece na sua mente normalmente]. Você busca uma resposta, e percebe que tem um nome e que ele quer saber qual é. É como se antes você não tivesse um nome, mas agora descobrisse que tem um nome. É esse tipo de momento abrupto.

É claro que essas cerimônias estão sujeitas à adulteração. Se o professor está apenas seguindo as escrituras e os comentários, e o aluno está ansiosamente esperando por algo poderoso, então tanto o professor quanto o aluno perdem o barco simultaneamente.

A comunicação da linhagem dos pensamentos é o ensinamento do darmakaya; a comunicação por símbolos e sinais – criar situações – é o nível sambogakaya de ensinamento; a comunicação por palavras é o nível nirmanakaya de ensinamento. Esses são os três estilos através dos quais o guru de louca sabedoria se comunica com o aluno potencial de louca sabedoria.

A coisa toda não é tão ultrajante quanto pode parecer. Ainda assim, há uma tendência oculta de se tirar vantagem da natureza travessa da realidade, e isso cria uma sensação de loucura ou uma sensação de que uma ou outra coisa não é tão sólida. Seu sentido de segurança está sob ataque. Assim, o recipiente da louca sabedoria – o aluno de louca sabedoria ideal – se sente extremamente inseguro, ameaçado. Dessa forma, você cria metade da louca sabedoria e o guru cria a outra metade. Tanto o guru quanto o aluno estão assustados pela situação. Sua mente não tem nada em que trabalhar. Uma brecha repentina se abriu – perplexidade.

Esse tipo de perplexidade é bem diferente da perplexidade da ignorância. Essa é a perplexidade que ocorre entre a questão e a resposta. Há uma questão e você está prestes a responder a essa questão: há uma brecha. Você já sangrou ou suou a sua pergunta e a resposta não veio ainda. Já há uma sensação de resposta, uma sensação de que algo positivo está acontecendo – mas nada aconteceu ainda. Há esse ponto onde a resposta está prestes a nascer e a questão acabou de morrer.

Há uma química muito estranha nesse contexto – a combinação da morte da questão e o nascimento da resposta cria incerteza. É uma incerteza inteligente – aguçada, inquisitiva. Ela não é como a perplexidade de ignorância do ego, que perdeu completamente o contato com a realidade porque você deu à luz a dualidade e está incerto a respeito de como será o próximo passo. Fica-se perplexo pelo enfoque tomado pelo ego quanto à dualidade. Mas, nesse caso, não é perplexidade no sentido de não saber o que fazer, mas perplexidade porque algo está prestes a acontecer e ainda não aconteceu.

A louca sabedoria de Dorje Trolö não é razoável. É um tanto pesada, porque a sabedoria não permite acordos. Se você faz um acordo entre o branco e o preto, você acaba com uma cor cinza – nem branca nem preta. É uma média triste e não uma média alegre – é desapontadora. Você passa mal porque permitiu esse acordo. É por isso que a louca sabedoria não conhece nenhum acordo. O estilo da louca sabedoria é nos inflar – inflar o ego ao ponto do absurdo, ao ponto da comédia, ao ponto que se torna bizarro – e então repentinamente largar. Temos, assim, uma grande queda, como Humpty Dumpty: *"All the king's horses and all the king's men/ Couldn't put Humpty Dumpty together again"*.⁹

Voltando à história de Padmasambhava como Dorje Trolö, uma deidade local do Tibete perguntou a ele: "O que lhe dá mais medo?" Padmasambhava disse: "Tenho medo de pecado neurótico." Acontece que

---

9 "Nem todos os cavalos e homens do rei/Conseguiriam montar Humpty Dumpty de novo."

a palavra tibetana para "pecado" – *dikpa* – é também a palavra para "escorpião", então a deidade local pensou que poderia assustar Padmasambhava ao se manifestar para ele como um escorpião gigantesco. A deidade local foi reduzida a pó – como um escorpião.

Supostamente, o Tibete é cercado por montanhas nevadas e há doze deusas associadas a essas montanhas, que são as guardiãs do país. Quando Dorje Trolö foi ao Tibete, uma dessas deusas se recusou a se render a ele. Fugiu dele – correu para todos os lados. Subiu uma montanha pensando fugir de Padmasambhava e o descobriu já ali antes dela, dançando no cume. Ela correu para um vale e encontrou Padmasambhava já no fundo, sentado na confluência entre aquele vale e o vale vizinho. Não importava para onde corria, ela não conseguia escapar. Finalmente, decidiu saltar em um lago e se esconder por lá. Padmasambhava transformou o lago em ferro incandescente e ela emergiu como uma espécie de esqueleto. Por fim, ela se rendeu: Padmasambhava estava por toda parte. De certa forma, era extremamente claustrofóbico.

Uma das expressões de louca sabedoria é que não se pode escapar dela. Está por todo lado, seja lá o que "ela" for.

Em Taktsang, no Butão, Padmasambhava se manifestou como Dorje Trolö. Ele transformou a sua consorte Yeshe Tsogyal em uma tigresa prenhe e vagou pelas colinas de Taktsang cavalgando nessa tigresa. O fato de ele manifestar essa forma tinha a ver com subjugar as energias psíquicas do país, um país que estava infestado por crenças primitivas a respeito do ego e de Deus.

Outra expressão de louca sabedoria é o controle de energias psíquicas. A forma de se controlar energias psíquicas não é criar uma energia psíquica ainda maior e tentar dominar uma com a outra. Isso apenas aumenta a guerra e esta se torna muito dispendiosa – como a

Guerra do Vietnã. Vem uma contraestratégia, e então há uma contra-contra-estratégia e então uma contra-contra-contra-estratégia. Assim, a ideia não é criar um superpoder. A forma de se controlar a energia psíquica das crenças primitivas é instigar o caos. Introduzir confusão em meio àquelas energias, confundir a lógica das pessoas. Confundi-las a ponto de elas terem de pensar duas vezes. E esse é o momento da troca dos guardas. Naquele momento, quando eles começam a pensar duas vezes, a energia da louca sabedoria toma conta.

Dorje Trolö controlava as energias psíquicas das crenças primitivas ao criar confusão. Ele era meio indiano e meio tibetano, uma pessoa de fisionomia indiana vestida como um louco tibetano. Ele segurava um *vajra* e uma adaga, chamas saíam de seu corpo e ele cavalgava uma tigresa prenhe. Era bem estranho. Ele não era nem parecido com uma deidade local nem com um guru convencional. Não era nem guerreiro nem rei. Certamente não era uma pessoa comum. Cavalgar um tigre é considerado um erro, mas de alguma forma funcionava para ele. Ele estava tentando se disfarçar de tibetano, ou quê? Não estava particularmente ensinando coisa alguma. Você não podia lidar com ele como um sacerdote Bön ou como missionário. Ele não estava convertendo ninguém – isso também não parecia ser do seu estilo. Ele estava apenas instigando o caos por onde quer que fosse. Mesmo as deidades locais ficaram confusas – completamente transtornadas.

Quando Padmasambhava foi ao Tibete, os indianos ficaram muito preocupados. Sentiram que estavam perdendo algo muito precioso, já que parecia que ele havia decidido oferecer os seus ensinamentos de louca sabedoria apenas para os tibetanos. Esse foi um insulto terrível para os indianos. Eles se orgulhavam de serem os supremos arianos, a raça mais inteligente, os mais receptivos aos ensinamentos elevados. E agora, em vez de ensiná-los, Padmasambhava estava indo para um país selvagem, o

Tibete, além das áreas fronteiriças, e havia decidido ensinar aos tibetanos e não a eles. O rei Surya Simha, de Uttar Pradesh, província central da Índia, mandou três *acharyas*, ou mestres espirituais, ao rei do Tibete com uma mensagem muito polida, dizendo que aquele tal Padmasambhava era um charlatão, na verdade, um mago negro. O rei indiano disse aos tibetanos que Padmasambhava era perigoso demais para que os tibetanos o mantivessem em seu país e que deviam mandá-lo de volta.

Nesse contexto, o ponto interessante é que os ensinamentos da louca sabedoria só podem ser dados em países selvagens, onde há maiores oportunidades de tomar vantagem do caos ou velocidade – como quer que se queira chamar esse fator.

A personalidade de louca sabedoria de Padmasambhava como Dorje Trolö é a de um guru que não faz acordo com qualquer coisa. Se você fica em seu caminho, está pedindo para ser destruído. Se você tem dúvidas quanto a ele, ele tira vantagem das dúvidas. Se você é muito devocional ou muito dependente, em um estilo de fé cega, ele o choca. Ele toma o aspecto irônico do mundo com grande seriedade. Ele prega peças em vasta escala – peças devastadoras.

O simbolismo do tigre também é interessante. Está ligado à ideia da chama, com o fogo e a fumaça. E se supõe que uma tigresa prenhe seja o tipo mais agressivo de tigre. Ela está faminta, um pouco louca, completamente ilógica. Você não pode entender sua psicologia e trabalhar com ela racionalmente. Ela bem pode comer você a qualquer momento. Essa é a natureza do transporte de Dorje Trolö, de seu veículo. O guru de louca sabedoria cavalga essa energia perigosa, impregnada de todos os tipos de possibilidades. Podemos dizer que essa tigresa representa meios hábeis, loucos meios hábeis. E Dorje Trolö, que é a louca sabedoria, cavalga neles. Eles formam um excelente casal.

Há um outro âmbito de Padmasambhava no Tibete, um que não faz parte dos oito aspectos. Para os tibetanos, Padmasambhava é uma figura paternal. Como tal, geralmente se referem a ele como Guru Rinpoche, "o guru". Ele se apaixonou pelos tibetanos e esbanjou grandes cuidados para com eles (não exatamente da mesma forma que os missionários se apaixonaram pelos africanos). Pensava-se que os tibetanos eram burros. Eles eram muito fiéis e muito práticos. Portanto, havia uma tremenda abertura para introduzir a loucura da impraticabilidade: abandone a sua fazenda, abandone a sua casa, vague por essas montanhas vestido naquelas roupas esquisitas de iogue.

Uma vez que os tibetanos começaram a aceitar essas coisas como atos de sanidade, tornaram-se excelentes iogues, porque o seu foco quanto à prática iogue também era prático. Assim como haviam fielmente cultivado as terras e fielmente cuidado de seus rebanhos, eles seguiram o chamado ióguico com a mesma fidelidade.

Os tibetanos não eram artísticos como os japoneses. Pelo contrário, eram excelentes fazendeiros, excelentes comerciantes, excelentes magos. A tradição Bön do Tibete era muito terrena. Preocupava-se somente com a realidade da vida. As cerimônias Bön eram também muitas vezes bem práticas. Uma das cerimônias sagradas envolvia fazer uma fogueira nas montanhas – o que lhe aquece. Parece que a dissimulação que os tibetanos mostraram no curso das intrigas políticas do século XX estava completamente fora de questão. Esse tipo de corrupção e intriga política surgiu no Tibete do exterior – dos filósofos arianos da Índia e dos políticos imperiais da China.

O enfoque de Padmasambhava era muito belo e suas profecias previram tudo o que aconteceu no Tibete, inclusive a corrupção. Por exemplo, as profecias nos dizem que, no fim, o Tibete seria conquistado pela

China, e que os chineses entrariam no país no Ano do Cavalo e invadiriam o Tibete como um cavalo faria. Os comunistas chineses realmente invadiram o país no Ano do Cavalo, e construíram estradas da China ao Tibete e por todo o Tibete, e introduziram os veículos motorizados. As profecias também dizem algo no estilo de que, no Ano do Porco, o país seria reduzido ao nível de um porco, o que se refere às crenças primitivas, à doutrinação dos tibetanos com ideias estrangeiras.

Outra profecia de Padmasambhava diz que o fim do Tibete ocorreria quando os objetos das casas de Tsang, a província mais alta, fossem encontrados em Kongpo, a província mais baixa. De fato, aconteceu uma grande inundação na província mais alta, quando o topo de uma geleira caiu em um lago. O rio Brahmaputra inteiro transbordou, e varreu vilas e mosteiros no seu curso. Muitos dos artigos caseiros desses lugares foram encontrados em Kongpo, para onde o rio os havia carregado. Essas profecias também dizem que outro sinal do fim do Tibete seria a construção de um templo amarelo aos pés do Palácio Potala, em Lhasa. De fato, o décimo terceiro Dalai Lama teve uma visão de que um templo de Kalachakra deveria ser construído ali, e ele o pintou de amarelo. Outra das profecias de Padmasambhava diz que, no décimo quarto estágio, o arco-íris do Potala desapareceria. O "décimo quarto estágio" refere-se aos tempos do atual Dalai Lama, o décimo quarto. O Palácio Potala é o palácio de inverno do Dalai Lama.

Quando Padmasambhava contou essas histórias, o rei tibetano e seus ministros ficaram extremamente perturbados e pediram a Padmasambhava que os ajudasse. "Qual é a melhor coisa que podemos fazer para preservar o nosso país?", perguntaram a ele. "Não há nada que possamos fazer", ele respondeu, "além de preservar os ensinamentos que estão sendo concedidos agora e preservá-los em um local seguro". Ele então apresentou a ideia de enterrar tesouros, escritos sagrados.

Ele colocou vários de seus escritos em recipientes de ouro e prata na forma de cápsulas, e os enterrou em certos locais apropriados em diferentes partes do Tibete, de forma que o povo do futuro os redescobrisse. Também enterrou artigos em geral: joias suas, joias do rei e da família real, bem como artigos de famílias comuns de fazendeiros. A ideia era que as pessoas se tornariam mais primitivas, que a inteligência humana regrediria, e que as pessoas não seriam mais capazes de trabalhar bem com as mãos e produzir objetos daquele nível artístico.

Assim, essas coisas foram enterradas por todo Tibete, fazendo uso de conhecimento científico – possivelmente indiano – sobre como preservar pergaminhos e outros tipos de objetos. Os tesouros foram enterrados sob muitas camadas de proteção, incluindo camadas de carvão, giz e outros materiais com propriedades químicas. Por segurança, também havia uma camada de veneno ao redor do exterior, de forma que ladrões e outras pessoas sem o conhecimento correto fossem incapazes de desenterrá-los. Esses tesouros têm sido descobertos até os dias de hoje por professores que são supostamente *tulkus* dos discípulos de Padmasambhava. Eles têm visões psíquicas (o que quer que sejam essas visões) de certos lugares onde devem cavar. Então eles fazem do processo de desenterrar aquilo uma cerimônia. Os devotos devem estar reunidos, bem como os trabalhadores que farão o trabalho pesado. Às vezes, os tesouros precisaram ser desencavados de dentro de pedras.

Esse processo de redescobrir os tesouros tem acontecido o tempo todo e muitos escritos secretos têm sido revelados. Um exemplo é *O Livro Tibetano dos Mortos*.

Outra forma de preservar tesouros de sabedoria é o estilo da linhagem da mente. Os ensinamentos foram redescobertos por certos professores apropriados que se lembraram deles e os colocaram no papel. Esse é outro tipo de tesouro oculto.

Um exemplo de Padmasambhava agindo como uma figura paternal para o Tibete foi a sua advertência ao rei Trisong Detsen. A celebração de Ano Novo estava prestes a acontecer, o que tradicionalmente inclui corrida de cavalos e competições de arco e flecha, entre outros eventos. Padmasambhava disse: "Não deveria haver corridas de cavalo e competições de arco e flecha desta vez." Mas as pessoas ao redor do rei acharam um jeito de passar por cima do aviso de Padmasambhava e o rei foi morto pela flecha de um assassino desconhecido durante a corrida de cavalos.

Padmasambhava amou muito o Tibete e o seu povo, e poderíamos esperar que ele permanecesse ali. Mas outra parte interessante da história é que, em um determinado momento, ele foi embora. Parece que há apenas um tempo determinado para cuidar das situações e observá-las. Uma vez que o país foi integrado espiritual e convencionalmente e as pessoas desenvolveram *alguma* sanidade, Padmasambhava deixou o Tibete.

Padmasambhava ainda vive, literalmente. Ele não vive na América do Sul, mas em algum local remoto – em um continente de vampiros, em um local chamado *Sangdok Pelri*, "Gloriosa Montanha Cor de Cobre". Ainda vive. Já que ele é o estado do darmakaya, o fato de corpos físicos se dissolverem na natureza não é considerado um grande problema. Então, se você procurar por ele, ainda pode encontrá-lo. Mas tenho certeza de que ficaria muito desapontado quando o visse.

Claro, não estamos mais falando apenas desses oito aspectos. Tenho certeza de que desde então ele desenvolveu milhões de aspectos.

Aluno: Você falou sobre a linhagem da transmissão da mente. Você disse que o professor cria metade dela e que o aluno cria a outra metade. Pensei que a louca sabedoria não era criada.

Trungpa Rinpoche: Sim, não é criada, mas espontaneamente existente.

Você tem uma metade e o professor tem a outra metade. Não foi construída nesse momento. Já estava ali.

Aluno: Você acha que a América é selvagem o suficiente para a louca sabedoria?
Trungpa Rinpoche: Nem preciso dizer.

Aluno: Não consegui entender uma frase que você usou: "Viver para a morte." Você poderia explicá-la?
Trungpa Rinpoche: O enfoque usual dado ao viver é a noção de que, cada vez que inspiramos e expiramos, estamos nos aproximando da morte. Cada hora nos leva para mais perto da morte. No caso do princípio da louca sabedoria, a energia rejuvenesce continuamente.

Aluno: Rinpoche, você afirmou que Guru Rinpoche está literalmente vivo em algum país. Você está falando sério? Você usou a palavra "literalmente".
Trungpa Rinpoche: Neste momento, o que é sério é incerto; o que é literal também.

Aluno: Então você poderia dizer qualquer coisa?
Trungpa Rinpoche: Acho que sim.

Aluno: Você mencionou o "ambiente negro" que o professor cria. Parte dele também é criada pelo aluno?
Trungpa Rinpoche: Sim, pela timidez do aluno.

ALUNO: Você também disse que, se um aluno tivesse dúvidas, o guru de louca sabedoria tiraria proveito dessas dúvidas.
TRUNGPA RINPOCHE: Sim.

ALUNO: De que forma ele poderia tirar proveito das dúvidas do aluno?
TRUNGPA RINPOCHE: Pergunto-me se devo entregar o jogo... A dúvida é um momento de incerteza. Por exemplo, se você está fisicamente fraco, pode facilmente pegar uma gripe. Se não está preparado e não está se defendendo, pode ser pego naquele momento de fraqueza. Parece ser isso.

ALUNO: Lembro que uma vez você disse que quando o abhisheka está prestes a acontecer, há uma espécie de momento de pavor. Como isso se relaciona com a insegurança do estudante perdendo o chão?
TRUNGPA RINPOCHE: Bem, qualquer relacionamento entre o aluno e o guru de louca sabedoria é considerado um abhisheka.

ALUNO: No caso da louca sabedoria autoexistente, Padmasambhava é o princípio ativador?
TRUNGPA RINPOCHE: Tanto ativador como base. Isso porque também é formado de darmakaya, além de sambogakaya e nirmanakaya.

ALUNO: Você falou do processo de louca sabedoria como sendo um processo de inflar cada vez mais o seu ego até que haja uma tremenda queda. Mas, em um determinado momento, você também falou sobre um processo de ausência de esperança que não surge todo de uma vez, mas que vem aos poucos. Não entendo como esses dois processos podem acontecer simultaneamente. Eles estão indo em direções opostas.
TRUNGPA RINPOCHE: Inflar-lhe até que você tenha uma grande queda é

a estratégia do mestre de louca sabedoria. Enquanto isso, você continua gradualmente desenvolvendo ausência de esperança.

ALUNO: Quando a transmissão da linhagem da mente ocorre, há essa abertura, essa brecha. Isso em si é a transmissão?
TRUNGPA RINPOCHE: Sim, é isso. Sim, é isso. E ali também está o ambiente ao redor, algo que é quase global, quase criando um cenário. No meio disso, a brecha é o ponto alto.

ALUNO: Parece que constantemente nos encontramos em situações de abertura e escorregamos para fora delas. Qual é o benefício de voltar àquilo? É um tipo de prática ver aquele espaço de forma que se possa voltar a ele?
TRUNGPA RINPOCHE: Bem, veja, você não pode recriar aquilo. Mas você pode criar as suas próprias abhishekas a cada momento. Depois da primeira experiência. Depois disso, você consegue desenvolver o seu guru interno e, então, em vez de tentar memorizar o que já aconteceu no passado, cria a sua própria abhisheka. Se você se mantém retornando àquele momento no passado, ele se torna um tipo de tesouro especial e isso não ajuda.

ALUNO: Não ajuda?
TRUNGPA RINPOCHE: Não ajuda.

ALUNO: Mas é necessário ter aquela experiência...
TRUNGPA RINPOCHE: Aquela experiência é um catalisador. Por exemplo, se você já sofreu um acidente, cada vez que é conduzido por algum motorista ensandecido, tem uma ideia realmente vívida de um acidente.

Assim, você tem a sensação de que pode morrer a qualquer momento, o que é verdade.

Aluno: Estamos falando da abertura como uma situação muito especial, que toma lugar durante a transmissão e que, ainda assim, parece estar espontaneamente ali, subliminar e frequentemente aqui e ali, por todos os lados. Está naturalmente além das neuroses enquanto passa através de você, meio que passando com elas. Você poderia falar mais sobre a situação desse estado natural de abertura?

Trungpa Rinpoche: Parece que, neste momento, se tentarmos ser mais específicos ao descrever os detalhes, isso não ajudará muito. Seria como criar táticas especiais e dizer como reproduzi-las – como tentar ser espontâneo com ajuda de um manual –, o que não parece adiantar em nada. Provavelmente, teremos de entrar em algum tipo de período de testes.

Sobre o autor

Ven. Chögyam Trungpa nasceu na província de Kham, no Tibete oriental, em 1940. Quando tinha apenas treze meses de idade, Chögyam Trungpa foi reconhecido como um dos grandes *tulkus*, professores encarnados. De acordo com a tradição tibetana, um professor iluminado é capaz, baseado em seu voto de compaixão, de reencarnar na forma humana por várias gerações. Antes de morrer, um professor desse tipo deixa uma carta ou outras pistas sobre a localização da próxima encarnação. Mais tarde, alunos e outros mestres realizados observam essas pistas e, baseados em um cuidadoso exame de sonhos e visões, conduzem buscas para descobrir e reconhecer o sucessor. Assim, linhas particulares de ensinamento se formam e, em alguns casos, estendem-se durante vários séculos. Chögyam Trungpa era o décimo primeiro na linhagem de ensinamentos conhecida como os "Tulkus Trungpa".

Uma vez que os jovens tulkus são reconhecidos, entram em um período de treinamento intensivo na teoria e prática dos ensinamentos budistas. Trungpa Rinpoche (*Rinpoche* é um título honorífico que significa "precioso"), depois de ser entronado como abade supremo dos mosteiros Surmang e governador do distrito de Surmang, começou um período de treinamento que duraria dezoito anos, até a sua saída do Tibete em 1959. Como um tulku Kagyu, o seu treinamento se baseou em uma prática sistemática de meditação e em refinadas compreensões teóricas da filosofia budista. Os Kagyu são conhecidos como a "linhagem da prática", e representam uma das quatro linhagens principais do Tibete.

Com oito anos de idade, Trungpa Rinpoche recebeu ordenação como monge noviço. Depois de sua ordenação, ele se engajou em estudos e práticas intensivas das disciplinas monásticas tradicionais e também das artes de caligrafia, pintura de *thangkas* e dança monástica. Seus professores mais próximos eram Jamgöm Kongtrul de Sechen e Khenpo Kangshar – proeminentes professores das linhagens Nyingma e Kagyu. Em 1958, com a idade de dezoito anos, Trungpa Rinpoche completou os seus estudos, recebendo o grau de *kyorpön* ("doutor de divindade") e *khenpo* ("mestre de estudos"). Ele também recebeu ordenação monástica completa.

O fim dos anos 1950 foi um período de grande turbulência no Tibete. Enquanto se tornava claro que os comunistas chineses pretendiam tomar o Tibete à força, muitas pessoas, tanto monges quanto leigos, fugiram do país. Trungpa Rinpoche passou vários meses complicados vagando pelos Himalaias (descritos em seu livro *Born in Tibet*)[10]. Depois de escapar por pouco da captura pelos chineses, enfim chegou à Índia em 1959. Na Índia, Trungpa Rinpoche foi recomendado por Sua Santidade Tenzin Gyatso, o décimo quarto Dalai Lama, para servir como conselheiro espiritual à escola dos jovens lamas em Dalhousie. Ele serviu nessa posição de 1959 a 1963.

A primeira oportunidade de Trungpa Rinpoche encontrar-se com o Ocidente ocorreu quando ele recebeu uma bolsa Spaulding para ir à Universidade de Oxford. Em Oxford, estudou religião comparada, filosofia e belas artes. Ele também estudou arranjo de flores japonês, recebendo uma graduação da escola Sogetsu. Na Inglaterra, Trungpa Rinpoche começou a instruir os seus estudantes ocidentais no darma (os ensinamentos do Buda), e, em 1969, fundou o Centro de Meditação Samye Ling, em Dumfriesshire, na Escócia. Durante esse período, também publicou os seus dois primeiros livros, ambos em inglês: *Born in Tibet* e *Meditation in action*.[11]

---

10   TRUNGPA, Chögyam. *Born in Tibet*, Boston: Shambhala, 2000.

11   TRUNGPA, Chögyam. *Meditation in action*, Boston: Shambhala, 2010. [Edição brasileira para o título: Meditação na ação. São Paulo: Cultrix, 1995.]

Em 1969, Trungpa Rinpoche viajou ao Butão, onde entrou em um retiro solitário de meditação. Esse retiro marcou uma mudança derradeira em seu enfoque de ensino. Imediatamente depois de voltar do retiro, tornou-se um leigo, colocando de lado as suas roupas monásticas e vestindo-se com trajes ocidentais. Também se casou com uma jovem inglesa, e juntos deixaram a Escócia e mudaram-se para a América do Norte. Muitos de seus alunos acharam essas mudanças chocantes e desapontadoras. Apesar disso, ele expressou uma convicção de que, para criar raízes no Ocidente, o darma precisaria ser ensinado livre das armadilhas culturais e da fascinação religiosa.

Durante os anos 1970, a América vivia um período borbulhante cultural e politicamente. Era um tempo de fascinação pelo Oriente. Trungpa Rinpoche criticava o enfoque materialista e comercial dado à espiritualidade que ele encontrou, descrevendo-o como "supermercado espiritual". Em suas palestras e em seus livros *Cutting through spiritual materialism*[12] e *The myth of freedom*[13] ele apontou a simplicidade e objetividade do sentar em meditação como a forma de ir além dessas distorções da jornada espiritual.

Durante os dezessete anos de ensinamentos concedidos na América do Norte, Trungpa Rinpoche obteve renome como um professor dinâmico e controverso.

Fluente na língua inglesa, foi um dos primeiros lamas que conseguiam falar diretamente com seus estudantes ocidentais, sem a ajuda de um tradutor. Viajando extensamente através da América do Norte e

---

12 TRUNGPA, Chögyam. *Cutting through spiritual materialism*. Boston: Shambhala, 2002. [Edição brasileira para o título: *Além do materialismo espiritual*. Teresópolis: Lúcida Letra, 2016.]

13 TRUNGPA, Chögyam. *The myth of freedom*. Boston: Shambhala, 2002. [Edição brasileira para o título: *O mito da liberdade e o caminho da meditação*. São Paulo: Cultrix, 2005.]

Europa, Trungpa Rinpoche apresentou centenas de palestras e seminários. Ele estabeleceu grandes centros em Vermont, no Colorado e em Nova Scotia, bem como muitos centros menores em cidades por toda a América do Norte e Europa. A Vajradhatu foi formada em 1973, sendo o principal corpo administrativo de sua rede.

Em 1974, Trungpa Rinpoche fundou o Instituto Naropa, que se tornou a única universidade inspirada pelo budismo na América do Norte. Ele palestrou extensamente no instituto, e seu livro *Journey without goal*[14] baseou-se em uma disciplina que lecionou ali. Em 1976, estabeleceu o programa de Treinamento Shambhala, uma série de programas de fim de semana e seminários que dá instrução em prática de meditação em um contexto secular. Seu livro *Shambhala: the sacred path of the warrior*[15] expõe uma visão geral dos ensinamentos Shambhala.

Trungpa Rinpoche também era ativo no campo da tradução. Trabalhando com Francesca Fremantle, ele elaborou uma nova tradução de *O Livro Tibetano dos Mortos*[16], que foi publicada em 1975. Mais tarde, formou o Comitê de Traduções Nalanda, de forma a traduzir textos e liturgias para seus próprios alunos bem como para disponibilizar textos importantes ao público.

---

14   TRUNGPA, Chögyam. *Journey without goal*. Boston: Shambhala, 2000.

15   TRUNGPA, Chögyam. *Shambhala: the sacred path of the warrior*. Boston: Shambhala, 2007. [Edição brasileira para o título: *Shambhala: a trilha sagrada do guerreiro*. São Paulo: Cultrix, 2011.]

16   FREMANTLE, Francesca; TRUNGPA, Chögyam (Eds). *The tibetan book of the dead: The great liberation through hearing in the bardo* by Guru Rinpoche according to Karma Lingpa, Boulder: Shambhala, 1975. [Edição brasileira: KARMA-LINGPA. *O Livro tibetano dos mortos: a grande libertação mediante audição no Bardo*; tradução para o inglês e comentários de Francesca Fremantle & Chögyam Trungpa. Tradução: Murillo Nunes de Azevedo. Rio de Janeiro: Rocco, 2002.]

Trungpa Rinpoche também era conhecido por seu interesse nas artes e, particularmente, por seus *insights* nas relações entre a disciplina contemplativa e o processo artístico. Sua própria arte incluía caligrafia, pintura, arranjos florais, poesia, dramaturgia e instalações ambientais. Além disso, no Instituto Naropa, ele criou uma atmosfera educacional que atraiu muitos artistas e poetas proeminentes. A exploração do processo criativo à luz do treinamento contemplativo continua na forma de um diálogo provocador. Trungpa Rinpoche também publicou dois livros de poesia: *Mudra*[17] e *First thought best thought*[18].

Os livros publicados de Trungpa Rinpoche representam apenas uma fração do rico legado de seus ensinamentos. Durante os dezessete anos em que ensinou na América do Norte, ele lapidou as estruturas necessárias para conceder aos seus alunos um treinamento completo e sistemático no darma. De palestras introdutórias e cursos até práticas avançadas de retiro em grupo, esses programas enfatizam um equilíbrio entre estudo e prática, entre intelecto e intuição. Alunos de todos os níveis podem seguir os seus interesses em meditação e no caminho budista através dessas muitas formas de treinamento. Alunos mais experientes de Trungpa Rinpoche continuam a envolver-se tanto em ensinamentos quanto em instrução de meditação nesses programas. Além de seus extensos ensinamentos no contexto da tradição budista, Trungpa Rinpoche também colocava muita ênfase nos treinamentos de Shambhala – que se focam na importância do treinamento da mente como algo distinto da prática religiosa – no envolvimento comunitário, na criação de uma sociedade iluminada, e na apreciação da vida cotidiana.

Trungpa Rinpoche morreu em 1987, com 47 anos. Ele deixou a

---

17   TRUNGPA, Chögyam. *Mudra*. Boston: Shambhala, 2001.
18   TRUNGPA, Chögyam. *First thought best thought*. Boston: Shambhala, 2001.

esposa, Diana, e cinco filhos. Quando morreu, Trungpa Rinpoche se tornara conhecido como uma figura chave na introdução do darma ao mundo ocidental. A união de sua grande apreciação pela cultura ocidental com a profunda compreensão de sua própria tradição o levou a um enfoque revolucionário no ensinamento do darma, no qual os ensinamentos mais antigos e profundos eram apresentados em um formato completamente contemporâneo. Trungpa Rinpoche é conhecido por sua destemida proclamação do darma: livre de hesitação, verdadeira à pureza dos ensinamentos e de um frescor absoluto. Que seus ensinamentos possam assentar raízes e florescer, para benefício de todos os seres sencientes.

Senge Dradrok

eureciclo
.com.br

O selo eureciclo faz a compensação ambiental das
embalagens usadas pela Editora Lúcida Letra.

Que muitos seres sejam beneficiados.

Para maiores informações sobre lançamentos
da Lúcida Letra, cadastre-se em
www.lucidaletra.com.br

Impresso em fevereiro de 2024 na gráfica
da Editora Vozes, utilizando-se as fontes
Scala 10/16 e Vendetta